D1665679

EL ARTE DE VIVIR ECOLÓGICO

EL ARTE DE VIVIR ECOLÓGICO

*Lo que cada uno puede hacer
por la vida en el planeta*

Wilhelm Schmid

Traducción de
Carmen Plaza y Ana R. Calero

PRE-TEXTOS

Primera edición: septiembre de 2011

Título de la edición original en lengua alemana:
Ökologische Lebenskunst.
Was jeder Einzelne für das Leben auf dem Planeten tun kann

Diseño cubierta: Pre-Textos (S. G. E.)

© Suhrkam Verlag Frankfurt am Main 2008
© de la traducción: Carmen Plaza y Ana R. Calero
© de la presente edición:
PRE-TEXTOS, 2011
Luis Santángel, 10
46005 Valencia
www.pre-textos.com

IMPRESO EN ESPAÑA / PRINTED IN SPAIN
ISBN: 978-84-15297-34-5
DEPÓSITO LEGAL: M-32104-2011

ARTEGRAF, S.A. TEL. 91 471 71 00

ÍNDICE

PREFACIO

El siglo XXI es el siglo de la ecología; de ello se encargan los crecientes problemas ecológicos. No obstante, en la misma medida en que afloran dichos problemas, el hombre también toma mayor conciencia de la relación con su propia vida y aumenta su disposición a cambiarla. Por arte de vivir ecológico se entiende una forma de vida consciente que pretende integrarse en interrelaciones más amplias, aunque no todo el mundo lo haga. El arte de vivir consiste en intentar llevar una vida justa dentro de la falsa, el intento, por tanto, de orientar la existencia por medio de la autorreflexión hacia la forma que parece correcta, aun cuando el entorno social esté en el camino equivocado. Que esto es importante, ya lo afirmaba un filósofo como Theodor W. Adorno en una época en que aún no se presentía nada acerca del desafío ecológico. Su conocida sentencia del libro *Minima moralia* de 1951, según la cual no existe ninguna vida justa dentro de la falsa, la corrigió el 28 de febrero de 1957 en una conferencia acerca de la filosofía moral: uno siempre debe esforzarse en vivir "como si creyese vivir en un mundo liberado, intentar anticipar la forma de existencia que sería realmente la justa a través de la forma de la propia existencia, con todos los inevitables conflictos y contradicciones que ello trae consigo".

Atribuir ese papel al individuo no implica pasar por alto la tarea de las estructuras e instituciones, cuya influencia sobre la vida individual es suficientemente conocida; menos corriente es la posibilidad de influencia del individuo sobre ellas. Las estructuras y las instituciones son lentas por naturaleza, la transformación propia no forma parte de sus cometidos más urgentes. Los impulsos al respecto vienen más bien de fuera, incluso de inconformistas con su iniciativa y su compromiso, como el movimiento ecologista ha mostrado desde el principio: los individuos se percataron a tiempo de esta problemática, los individuos se esforzaron también por dar las primeras respuestas al tema, sin dejarse impresionar por la burla y el escarnio de que fueron objeto al principio. Cuanto más impulsen los individuos la transformación de su propia vida, más les seguirá la sociedad de la que son ciudadanos; así como la economía, cuyos productos consumen ellos mismos. Que la transformación no puede ser una conversión sin condiciones de los ideales en lo real es el proceso de aprendizaje que los individuos experimentan. Así, finalmente surge una revolución ecológica que jamás ha convocado nadie y que, sin embargo, tiene lugar. Cuanto más en silencio se desarrolle, más efectiva resultará. Deja tras de sí profundas huellas en el tiempo: la propia época moderna, entre cuyos proyectos no figuraba la ecología, no permanecerá igual.

El presente libro quiere contribuir a este proceso. Es fruto del capítulo final de la *Filosofía del arte de vivir*, publicado en 1998. En aquel tiempo ya se perfilaba claramente la evolución que seguiría la problemática ecológica. ¿Tal vez se habría podido cambiar de rumbo antes? Sin embargo, todavía no había un número de individuos suficientemente comprometidos para realizarlo. Esto cambió al final en 2007 con la Conferencia sobre el Cambio Climático de la ONU, y desde entonces no sólo crece la atención de mucha gente por las interrelaciones ecológicas, sino también el interés en las posibilidades concretas de organizar la vida individual y social de forma más duradera. En el presente libro se esboza cómo surgió en un primer momento la problemática ecológica y cómo los conocimientos al respecto se desarrollaron de un modo peculiar, paralelamente a la visión del planeta desde el exterior. Después parece importante debatir sobre las razones que hablan a favor de una actuación individual y social, ya que no existe una norma que obligue a ello. A aquel que se decida por un compromiso personal, pueden servir de ayuda las reflexiones acerca de un estilo de vida ecológico que combine la visión de grandes interrelaciones con la de los pequeños detalles cotidianos. Las indicaciones prácticas mostrarán qué puede hacer cada individuo por los ecosistemas de su cuerpo, su vivienda, su ciudad o su región que interaccionan con el ecosistema general y cómo, desde la ecología, él mismo puede ocuparse de toda la sociedad y de la sociedad mundial de la que es ciudadano. Un ensayo al final del libro pretende incitar a la reflexión sobre el posible desarrollo posterior de la vida, cuando el mayor reto de la humanidad tras el siglo XXI se haya convertido en pasado.

EL PLANETA VISTO DESDE EL EXTERIOR

La problemática ecológica arranca ya en el siglo XX y se adentra en el XXI, ganando una dimensión histórica. La asimilación de dicha problemática se produjo de forma notablemente paralela a los avances de la tecnología humana que en la segunda mitad del siglo XX, por primera vez en la historia de la humanidad, hizo posible transportar seres humanos y máquinas al espacio, más allá de nuestro planeta. Fue la realización de un proyecto profundamente moderno, ya que desde la Ilustración, la posible separación de la tierra era considerada como signo de la liberación total, y no sólo metafóricamente: con entusiasmo se había celebrado a los osados aeronautas que con globos aeróstaticos despegaron unos metros del suelo para "acercarse a los dioses". En sus novelas, los autores de la Ilustración soñaban con viajar a la luna. Hasta el siglo XX no fue técnicamente posible realizar ese sueño.

En 1957 el satélite *Sputnik* dio la vuelta a la tierra, con lo que se consideró inaugurada la llamada "era espacial". Juri Gagarin fue en 1961 el primer hombre en el universo que pudo observar el planeta desde el exterior. Con ello comenzó a efectuarse una *inversión* fundamental *de la perspectiva*, pues a partir de ese momento la mirada humana ya no sólo se dirigía desde la tierra hacia el universo, sino también –con ayuda tecnológica– desde el universo a la tierra. Si durante mucho tiempo en la historia de la humanidad la tierra había sido el punto de partida natural de observación de las estrellas, ahora ella misma se convertía en el objeto de la observación. La inversión de perspectiva y la objetivación del planeta que ello conlleva ofrecieron a partir de entonces una nueva oportunidad de reflexionar sobre la misma vida del hombre en el planeta. Se puede hablar incluso de una *estética astronáutica* que se originó con estas experiencias, la cual, sin embargo, no caracteriza únicamente la singular percepción de astronautas y cosmonautas, sino la de todo aquel que se acostumbra a ver su mundo y, por ende, a sí mismo, de ese modo, desde el exterior.

Varios son los aspectos que distinguen la nueva estética: la distancia cósmica permite la *percepción del planeta como un todo*, según se hizo posible por primera vez para el hombre en diciembre de 1968, con el vuelo a la luna y una vuelta alrededor del satélite terrestre sin alunizaje. En esa época salir de la tierra era ya rutina: "Pero nos quedamos atónitos", decía uno de los astronautas del *Apolo 8* recordando más tarde ese memorable vuelo, "cuando nos giramos y miramos hacia la tierra."[1] La misma tierra aparecía como un cuerpo celeste en la oscuridad infinita del universo, un "zafiro brillante sobre terciopelo negro"; verla retroceder cada vez más provocaba una "extraña sensación en el estómago".

---

[1] James Lovell, en: *Der Heimatplanet,* Kevin W. Kelley (ed.) por encargo de la Asociación de Exploradores del Espacio, Frankfurt del Meno, 1989, cap. *Zum Mond.*

Si ya en los vuelos espaciales convencionales en la órbita terrestre, en que el planeta no se percibía como un todo, la experiencia de la mirada desde el exterior había dejado una intensa huella, mucho más lo hacía la mirada desde la distancia cósmica que, en los alunizajes, era vivida incluso como lo esencial de la estancia en el otro cuerpo celeste: "Ahora sé por qué estoy aquí", declaraba uno de los astronautas que aterrizó en la luna entre 1969 y 1972: "No es para ver la luna desde más cerca, sino para mirar atrás, hacia nuestro hogar, la tierra".[1] A muchos les pareció tan significativa la visión del planeta como un todo, que dicha imagen quedó fijada como cliché en las tres últimas décadas del siglo XX.

La estética astronáutica incluye otro aspecto como la *percepción de la belleza del planeta,* belleza en el sentido de impresión sensorial y en el sentido de aquello que vale la pena apreciar: la tierra ofrece de forma manifiesta una vista que se apodera de los sentidos y proporciona un placer que el individuo desearía retener; su intensidad empuja incluso a los pragmáticos racionales, como se supone que son los astronautas y cosmonautas, a una especie de poesía espacial: "De repente emerge tras el contorno de la luna, en largos instantes de majestad ilimitada como grabados a cámara lenta, una joya blanquiazul resplandeciente, una esfera clara, frágil, azul celeste coronada por blancos velos que la envuelven lentamente. Poco a poco surge como una pequeña

---

[1] Alfred Worden (*Apollo 15,* 1971), en: *Der Heimatplanet, op. cit.* Cf. Andrew Chaikin, *A Man on the Moon. The Voyages of the Apollo Astronauts,* Nueva York, 1994.

perla desde un mar profundo, insondable y misteriosa".[1] Esto da testimonio de la creación de una relación afectiva con el planeta en su conjunto que, de forma renovada en la historia, va acompañada de la *experimentación del planeta como hogar*. Aquellos que en el instante en que miran a la tierra desde fuera hablan de su belleza, independientemente de su nacionalidad, experimentan a la vez esa nueva sensación de hogar que ya no se relaciona con estrechas fronteras entre países. Dichas fronteras escapan a la vista, no son perceptibles desde el exterior. Detrás de esa sensación de hogar se encuentra la experiencia de la soledad cósmica, el fuerte contraste "entre el claro hogar lleno de colores y el infinito extremadamente negro", de modo que surge de repente una "relación personal" con ese planeta "que, como percibí de golpe, me unía con todo tipo de vida en este increíble planeta, con la tierra, con nuestro hogar".[2] En la misma tierra, bajo la impresión de las imágenes desde el exterior, algunos llegan a esta conclusión: "En lo bueno y en lo malo somos una única nación".[3]

La percepción de la insignificancia y la fragilidad del planeta justifica finalmente una renovada *sensibilidad para las condiciones de la existencia humana*, cierta intuición para las peculiaridades y singularidades de todo este planeta que hace posible la existencia humana. "La tierra yacía exten-

---

[1] Edgar Mitchell (*Apollo 14, 1971*), en: *Der Heimatplanet, op. cit.*

[2] Russell L. Schweickart (*Apollo 9, 1969*), prólogo, en: *Der Heimatplanet, op. cit.* Cf. Carl Sagan, *Blauer Punkt im All*, Múnich, 1996.

[3] Primo Levi, *Mond und Mensch*, en: ídem, *Die dritte Seite. Essays und Erzählungen*, Múnich, 1994, 17.

dida debajo de nosotros, era de una belleza fascinante –no hay idioma que pueda describirlo–, ¡y parecía tan vulnerable!", exclama un astronauta fascinado y asustado por su frágil imagen. "La primera vez que vi el horizonte de la tierra me quedé sin respiración. No es que me sorprendiera la curvatura de la línea del horizonte, lo que me cautivó más aún fue el majestuoso azul de la atmósfera. ¡Y qué delgada era la capa que conserva la vida!"[1] Lo que en la propia tierra se considera lo más obvio, desde el exterior parece lo más precario: la existencia humana en el planeta. Astronautas y cosmonautas coinciden en sus himnos sobre la extraordinaria belleza de la tierra, pero coinciden también en la percepción de que la existencia humana en ella está amenazada y, para algunos, esto conduce a una conmoción existencial: la evidencia de experimentar que el propio planeta es sólo una mota de polvo en el universo plantea la pregunta de qué significan realmente el espacio, el tiempo y la historia de la humanidad. Lo que en el planeta se presupone como real e insinúa la dimensión de un mundo independiente, es considerado una minúscula excepción en la infinita dimensión del universo.

El modo como se modifica y establece una nueva imagen de la tierra vista desde el exterior no sólo tiene que ver con la navegación espacial tripulada, sino que se apoya en la permanente observación gracias a la ayuda de una incal-

---

[1] Ulf Merbold, prólogo, en: Frank White, *Der Overview-Effekt. Die erste interdisziplinäre Auswertung von 20 Jahren Weltraumfahrt*, Múnich, 1989, p. 8. Ulrich Walter ofrece una sobria descripción de la experiencia de los vuelos espaciales en *In 90 Minuten um die Erde* , Wurzburgo, 1997

culable cantidad de satélites. Las informaciones y conocimientos obtenidos a través de ellos permiten que surja un *nuevo saber de la tierra y sus interrelaciones.* Los ojos electrónicos hacen posible la "gran mirada" (*big look*) y proporcionan conocimientos acerca del altamente complejo macrosistema tierra que se encuentra en continuo movimiento y, sin duda, desde el comienzo la "gran mirada" conlleva ambición de poder: medir la tierra, dominarla.[1] La tecnología satélite hace posible el conocimiento de conexiones ecológicas globales que antes eran poco o nada conocidas. Así, la *macroperspectiva* global es contrastada por medio de la *microperspectiva:* se puede hacer un seguimiento a gran escala de las interacciones entre océanos, masas de tierra y la atmósfera, pero, a pequeña escala, unos fragmentos de un tamaño casi tan reducido como se desee, muestran cómo se cultivan los campos, la calidad de la cosecha, si se observa erosión en los suelos, etcétera. Se puede apreciar un planeta completamente diferente filtrando aquellas informaciones que reproducen el vapor de agua en la atmósfera: se hace visible una brillante esfera de cristal de un azul difuso sobre la que los velos de niebla se deslizan rápidamente, se enmarañan, se diluyen y se forman de nuevo. Las som-

---

[1] Cf. Yaakov Grab, "The Use and Misuse of the Whole Earth Image", en: *Whole Earth Review* (marzo, 1985). Pamela E. Mack, *Viewing the Earth. The Social Construction of the Landsat Satellite System,* Cambridge/Mass., 1990. Wolfgang Sachs, *Satellitenblick. Die Ikone vom blauen Planeten und ihre Folgen für die Wissenschaft,* en *Technik ohne Grenzen*, Ingo Braun y Bernward Joerges (eds.), Frankfurt del Meno, 1994. Ídem, *Der blaue Planet. Zur Zweideutigkeit einer modernen Ikone* en: *Zum Naturbegriff der Gegenwart,* Landeshauptstadt Stuttgart, Stuttgart, 1994, vol. 1.

bras sobre los desiertos, la luminosidad sobre los mares muestran la forma de condensación del agua. La esfera de cristal se ilumina con los tonos del ámbar cuando se filtran las temperaturas que presentan con un frío blanco los contornos del planeta y los polos, ante cuyo fondo destaca la gama amarilla-marrón-roja de las zonas climáticas, que confluyen y se matizan reiteradas veces. En detalle, la imagen termográfica hace visible el punto donde se concentra y cómo se dispersa el calor en un volcán. Se refuerza la impresión de que todo está integrado en todo y que, por ello, todos los seres vivos se hallan en el mismo barco; nace así la metáfora de la "astronave tierra".[1]

En la superficie de este sensible sistema, bajo la tenue campana de un velo azulado, en medio de los ciclos biogeoquímicos globales de energía, agua, oxígeno, carbono, minerales y organismos, vive el hombre, que busca entender las interdependencias sobre las que, a su vez, él mismo tiene influencia. La exploración desde el exterior, desde la dimensión del espacio, permite reconocer el alcance destructor que puede adquirir dicha influencia. Precisamente el nuevo punto culminante del poder tecnológico posibilita el giro reflexivo hacia atrás, hacia el planeta y promueve la *conciencia planetaria* justo en el momento en que el hombre es capaz de malograr su existencia en la tierra con medios técnicos convencionales. En ello consiste la "dimensión

---

[1] Nigel Calder, *Raumschiff Erde*, Colonia, 1992. El concepto aparece primero en Barbara Ward, *Spaceship Earth,* Nueva York, 1966. Cf., sin embargo, Kenneth E. Boulding, *The Meaning of the Twentieth Century. The Great Transition,* Nueva York, 1964, p. 143.

filosófica" de la navegación espacial: la posibilidad de distanciarse del planeta inaugura el espacio de la autorreflexión y forma la base de una "conciencia global".[1] No sólo desde la perspectiva ecológica, sino también desde la perspectiva económica, social y política, el mundo entero con sus interacciones penetra cada vez con mayor fuerza en la conciencia del individuo y las estructuras de su pensamiento van cambiando imperceptiblemente.

El hombre puede definirse ahora como aquel ser que habita la tierra y que al mismo tiempo es capaz de contemplarse desde el exterior con la ayuda de la tecnología. El constante vaivén entre perspectivas internas y externas establece una incesante reflexión crítica de conexiones globales y redefine la estancia del hombre en el mundo. Con ello, ni la forma ni el modo de vida del individuo permanecen iguales, sino que desembocan en una *forma de vida planetaria* en la cual el individuo contempla su conducta con la mirada desde el exterior, retiene en su mirada las interrelaciones globales del planeta que configuran la base de su existencia y se orienta con la ayuda de dicha reflexión. Para los astronautas y los cosmonautas resulta ya evidente cómo la imagen que el individuo tiene de sí mismo se trasforma desde esta perspectiva, pues "de repente te atrapa la absorbente sensación hasta ahora desconocida de que eres un ciudadano de la tierra",[2] y no sólo el ciudadano de un país determinado, sino de la sociedad mundial en ciernes.

---

[1] Ulf Merbold, *Der Overview-Effekt, op. cit.*, p. 11.

[2] Oleg Makarow (serie de vuelos de *Sojus* desde 1973), prólogo, en: *Der Heimatplanet, op. cit.*

La estética astronáutica y los nuevos conocimientos sobre la tierra, la conciencia planetaria y la forma de vida de la existencia en el planeta fundamentan al fin y al cabo la ética de la *preocupación por la vida en la tierra*; en último término se podría ver en ello el sentido del viaje al espacio y de su consiguiente reflexión. Y de nuevo son los astronautas y cosmonautas los que ponen de manifiesto esta ética: al "sentimiento de ciudadano del mundo" corresponde un "sentimiento de responsabilidad personal por conservar nuestro único planeta común"; mirándolo desde el exterior, se evidencia que "se trata de proteger y conservar nuestro único hogar común, que es tan bello y frágil".[1] Esta ética no es intrínsecamente desinteresada, sino expresión de la propia preocupación, pues el individuo vive en medio de conexiones globales que son las condiciones de su propia vida y frente a las que no puede permanecer indiferente; su propio comportamiento acarrea consecuencias que, por encima de las conexiones globales, tienen efecto retroactivo en las posibilidades de vida para el individuo, aunque a simple vista esa retroalimentación parezca insignificante.

Si la mirada del planeta desde el exterior es tan importante para la renovación de la reflexión y la autorreflexión humanas, entonces es de esperar que sean sobre todo los filósofos los que se interesen por ello y, efectivamente, ése ha sido el caso de algunos, al menos de forma esporádica. El filósofo religioso ruso Nicolái Berdiáyer reflexionó ya de antemano acerca de la posibilidad técnica de "salir de la

---

[1] Ibídem. Véanse algunas reflexiones sobre este tema también en: Nina Hager, *Der Traum vom Kosmos. Philosophische Überlegungen zur Raumfahrt*, Berlín, 1988.

tierra" y suponía que ello, a diferencia de la conciencia de
épocas anteriores, transmitiría al hombre "la sensación
de la existencia planetaria de la tierra".[1] Hannah Arendt regis-
tró "el acontecimiento del año 1957" y vio en el intento de
apoderarse del universo la consecuencia más visible de una
"alienación de la tierra" por parte del hombre moderno y
de su ciencia cada vez más extendida; sin embargo, también vio llegar la época en que el hombre "a pesar de vivir
siempre bajo las condiciones de la tierra, al mismo tiempo
sería capaz de divisarla desde un punto exterior y de actuar
en ella según ese punto exterior".[2] Siguiendo este último
pensamiento, Emmanuel Lévinas interpreta en 1961 el primer vuelo espacial de Gagarin y espera con ello que "la división de la humanidad en nativa y extranjera" carezca de
importancia a partir de ese momento, ya que el hombre
ahora puede experimentar toda la tierra como su hogar.[3]

De Heidegger proviene el término "astronáutica", que,
según su visión, define junto con la física atómica el conocimiento del hombre del siglo XX. Pero para el filósofo esto
no es en modo alguno el inicio de una época en que se siente
la tierra como un todo, sino la conclusión más evidente de la
era que sólo conoce "relaciones puramente técnicas", arranca
al hombre de la tierra y lo "desarraiga"; para Heidegger, el
hogar sigue siendo el arraigo en un lugar de la tierra que

---

[1] Nicolái Berdiáyer, *Der Mensch und die Technik*, Berlín-Bielefeld, 1949, p. 33.
[2] Hannah Arendt, *Vita activa* (1958), Múnich, 1981, 264; *"Erd-Entfremdung"*
p. 258; *"das Ereignis des Jahres 1957"*, p. 7.
[3] Emmanuel Lévinas, *Heidegger, Gagarin und wir* (1961), en: ídem, *Schwie-
rige Freiheit*, Frankfurt del Meno, 1992, p. 173 ss.

hay que cuidar. "No sé si usted está asustado, en cualquier caso yo sí lo estoy al ver ahora las imágenes de la tierra tomadas desde la luna. No necesitamos ninguna bomba atómica, el desarraigo del hombre ya está aquí. Sólo tenemos relaciones puramente técnicas. El lugar donde hoy vive el hombre ya no es la tierra."[1] Frente a él, Hans Blumenberg considera significativo que, desde que sus habitantes pueden visualizarlo a partir de "distancias cósmicas", el planeta parezca comparativamente habitable y digno de ser protegido: "El desencanto cósmico redunda en provecho del deseo de mantener la tierra."[2]

Günther Anders reacciona con un texto propio ante la mirada del planeta desde el exterior; para él lo decisivo también consiste en "que la tierra por primera vez tiene la oportunidad de verse a sí misma", que por primera vez "se ha hecho *reflexiva*, que ha despertado a la conciencia de sí misma". La mirada desde fuera ejerce, sin embargo, un efecto terapéutico y alarmante al mismo tiempo: terapéutico porque se vuelve a reducir a dimensión terrenal lo que se tomó para el propio mundo; alarmante porque esta tie-

---

[1] Martin Heidegger, "Nur noch Gott kann uns retten", en: *Der Spiegel* 23 (1976), p. 206, col. 3; también en: *Antwort. Martin Heidegger im Gespräch,* Pfullingen, 1988, p. 98. Sobre "astronáutica" véase ídem, *Die Herkunft der Kunst und die Bestimmung des Denkens* (conferencia de 1967 en Atenas), en: ídem, *Denkerfahrungen,* Frankfurt del Meno, 1983, 149; cf. 83 ss.

[2] Hans Blumenberg, *Die Genesis der kopernikanischen Welt* , Frankfurt del Meno, 1975, vol. 1, p. 11. Pueden hallarse expectativas sobre esta perspectiva en: ídem, *Paradigmen zu einer Metaphorologie,* Frankfurt del Meno, 1998. La dedicación persistente de Blumenberg a esta temática se ve claramente en *Die Vollzähligkeit der Sterne,* Frankfurt del Meno, 1997.

rra se presenta muy frágil y sola. El hombre ya no "se sobrepondrá" totalmente a ese sobresalto, sobre todo porque en su existencia astronáutica/cosmonáutica sólo puede ser considerado como un ensamblador integrado en la máquina que ya no es dueño de las consecuencias de la técnica. Anders abriga serias dudas frente a la suposición de que de la percepción del planeta como morada del hombre podría desprenderse una conciencia ampliada: "*Nosotros* no nos vemos ampliados con la ampliación de nuestro mundo".[1]

A él se enfrenta la postura de Michel Serres, para quien el viaje de unos pocos al espacio trajo consigo consecuencias para todos y llevó a la conciencia de la tierra como un todo; la "humanidad de astronautas" supera con creces la anterior concepción del hombre: "Estando lo suficientemente lejos de nuestra TIERRA, podemos observarla por fin como un todo. El agricultor con la espalda encorvada vivía de su surco de labor y no veía otra cosa excepto el surco; el salvaje únicamente veía su claro en el bosque o las sendas entre la espesura; el habitante de las montañas, su valle según se dejaba ver desde los pastos; el ciudadano, la plaza pública observada desde su ventana; el piloto de aviación, una parte del Atlántico"; pero ahora "todos sin excepción nos hemos convertido en astronautas, totalmente desterritorializados".[2] La nueva experiencia incitó a Serres a reflexio-

---

[1] Günther Anders, *Der Blick vom Mond. Reflexionen über Weltraumflüge* (1970), Múnich, 1994, p. 26; "*reflexiv*" (reflexivo), p. 90; "*sich selbst zu sehen*" (verse a sí mismo), p. 12.

[2] Michel Serres, *Der Naturvertrag* (1990), Frankfurt del Meno, 1994, pp. 197 ss.

nar acerca de un "contrato con la naturaleza" que debería complementar el contrato social y convertir a ésta en un sujeto de derecho para que no siguiese siendo considerada simple objeto de explotación, ya que si no, sería inminente la "muerte colectiva".

Pero lo asombroso es que la historia de la mirada a la tierra desde el exterior es mucho más antigua y está vinculada con la historia de la filosofía clásica. La idea de esa mirada tiene su origen en Platón, para el cual, el filósofo posee "la mirada sobre todo tiempo y sobre toda existencia", está acostumbrado "a mirar la tierra en su conjunto" (τῆν γῆν βλέπειν).[1] Esta mirada desde el exterior caracteriza el tamaño del alma, a la que repugna toda mezquindad y que no teme a la muerte. De hecho, esta mirada de Platón, al fin y al cabo, no justifica la preocupación por la existencia terrenal, sino la desvinculación definitiva de la misma. Quizá sea ésta la razón por la cual la mirada filosófica desde el exterior se convierte en objeto de burla cínica que, al mismo tiempo, busca transmitir con medios satíricos sólo la variante cínica de la mirada desde el exterior: el hombre no es consciente de la superficialidad de su apariencia, malgasta su existencia frívolamente, mientras que el cínico lo exhorta a vivir de forma más consciente y para ello se ayuda de la mirada desde el exterior. Es incorruptible, ve las cosas como son, las llama claramente por su nombre e invita a regresar a una vida natural y sencilla, pues aquellos que pien-

---

[1] Platón, *Theätet* (Teeteto), p. 174 e; *"Blick über alle Zeit und alles Sein"* en: ídem, *Politeia*, 486 a.

san erróneamente que son ricos, vistos desde fuera poseen cosas de todo punto insignificantes, las tierras que poseen no son mayores que un átomo de Epicuro.[1]

En la tradición estoica, la mirada desde el exterior es un componente constitutivo del arte de vivir filosófico. Es importante elevar la mirada, desvincularla de la tierra y dejar que se sumerja en la dimensión infinita del universo para, allí, en la lejanía, volver finalmente la mirada y mirar hacia atrás, hacia nuestro astro. En el instante en que se produce esa mirada desde la distancia cósmica, cuando la tierra quizá sólo aparece como un punto, somos capaces de darnos cuenta de la extremada pequeñez de este mundo, desde esa distancia reconocemos las verdaderas proporciones de este planeta y podemos orientar de nuevo nuestra vida distinguiendo lo que es importante de lo que no, para no perdernos en nimiedades insignificantes. De ahí el consejo de Marco Aurelio de observar los objetos terrenales desde cualquier "punto elevado" (ἄνωθεν), pues con esa mirada se confirma que la tierra entera es "sólo un punto" y "¿qué tamaño tiene ese trozo de tierra que en realidad está habitado?".[2]

Esa mirada desde el exterior, desarrollada en la época moderna con considerable esfuerzo técnico, y para la que en la Antigüedad bastaba el vuelo de la imaginación, ¿sería posible concebirla de forma renovada como una *práctica*

---

[1] Cf. la sátira de Luciano *Ikaromenippus* del siglo II d. C., con referencia al cínico Menippos del siglo III a. C.

[2] Marco Aurelio, *Selbstbetrachtungen* (*Tὰ εἰς ἑαυτόν*), 4, 3; ἄνωθεν, 7 48 y 9, 30. Cf. Séneca, *Naturwissenschaftliche Untersuchungen*, prólogo, pp. 7 ss.

del arte de vivir? El modo de proceder del arte de vivir consistiría entonces en efectuar una inversión consciente de la perspectiva que la estética astronáutica puede transmitir al sujeto. Los nuevos conocimientos sobre la tierra y sus interdependencias se convertirían en la apropiación por parte del sujeto del arte de vivir en un saber vivir, para conducir la propia existencia de forma consciente. El sujeto podría integrar esa conciencia planetaria en su coherencia y elegir una forma de vida planetaria, sustentada en la preocupación por la vida en el planeta que se sitúa en beneficio del yo y la preocupación por sí mismo, cualesquiera que sean sus motivaciones. Así, la mirada desde el exterior podría convertirse en la base del arte de vivir ecológico en una cultura espaciotemporal diferente a la moderna, dotándolo de ese sosiego que hace posible la distancia, a pesar de que resulta difícil mantener una postura sosegada a la vista del alcance de la problemática ecológica. La mirada *imaginada* desde el exterior gozó ya de cierta importancia con la creación de la conciencia ecológica moderna, en cuya continuidad participa el arte de vivir ecológico.

EL NACIMIENTO DE LA CONCIENCIA ECOLÓGICA MODERNA AL IMAGINAR LA MIRADA DESDE EL EXTERIOR

La historia del origen de la conciencia ecológica se remonta a los primeros tiempos del desarrollo de la época moderna industrial y técnica del siglo XIX. Las condiciones para su aparición fueron creadas a partir de configuraciones iniciales del saber sobre interrelaciones ecológicas, como se reflejan en el proyecto de Alexander von Humboldt de 1845. En él efectúa una descripción de la tierra desde la perspectiva de las estrellas, "descendiendo gradualmente a través de la capa estelar a la que pertenece nuestro sistema solar, hacia el esferoide terrestre rodeado de aire y de mar" para representar las conexiones vitales, el orden de los seres vivos y de las fuerzas de la naturaleza: "La perspectiva general nos acostumbra a contemplar cada organismo como parte del todo".[1] Otro paso más es la aparición del concepto de ecología en 1866, acuñado por Ernst Haeckel: "Por *Oecologie* entendemos toda la *ciencia de las relaciones del organismo con el mundo exterior que lo rodea, donde podemos*

---

[1] Alexander von Humboldt, Kosmos. *Entwurf einer physischen Weltbeschreibung* (1845), nueva edición, Frankfurt del Meno, 2004, p. 19; "Erdsphäroid", p. 38.

incluir todas las 'condiciones de existencia' en sentido amplio".[1] Sin embargo, este concepto llevó durante mucho tiempo una existencia marginal dentro de la disciplina de la biología. El geólogo Eduard Suess contribuyó al punto de vista global de las conexiones ecológicas con la descripción de la interacción de aire (*atmósfera*), agua (*hidrosfera*), mineral (*litosfera*) y ser vivo (*biosfera*); comenzó a escribir su libro sobre la "faz de la tierra" en 1885 con la idea de aproximarse "a nuestro planeta desde el espacio".[2]

En 1909, el naturalista y teórico cultural nacido en Riga Wilhelm Ostwald publicó un asombroso trabajo sobre los problemas que surgían de manera inevitable del uso de recursos energéticos fósiles en el relativamente cerrado sistema tierra. Para no poner en peligro el fundamento de la vida humana debería crearse una "gestión duradera" de la "utilización regular de la energía solar anual" y usar la energía del sol (*heliosfera*): "Como objetivo último del progreso tendrá, por ello, que ser considerada la *inmediata* utilización de la energía solar, para lo que la tierra estará cubierta con aparatos en los que esto acontece y a cuya sombra el hombre llevará una cómoda existencia".[3] Para hablar del

---

[1] Ernst Haeckel, *Allgemeine Entwickelungsgeschichte der Organismen,* Berlín, 1866, p. 286.

[2] Eduard Suess, *Das Antlitz der Erde,* vol. 1, Praga/Leipzig, 1885.

[3] Wilhelm Ostwald, *Energetische Grundlagen der Kulturwissenschaft,* Leipzig, 1909, pp. 44 ss. Rudolf Clausius, que formuló el Segundo Principio de la Termodinámica, ya presentó unas reflexiones similares durante una conferencia en 1885 en Bonn; cf. Carl-Jochen Winter, *Die Energie der Zukunft heißt Sonnenenergie,* Múnich, 1993, 262.

manejo consciente de la energía, Ostwald empleó el concepto *arte de vivir*.[1] Asimismo, en 1909 el biólogo báltico Jacob von Uexküll, que fundará más tarde el Instituto para la Investigación Medioambiental en Hamburgo, comienza a desarrollar el concepto de "medio ambiente": para él los seres vivos no son objetos que funcionan mecánicamente, más bien se crean activamente su propio medio ambiente en el lugar en que viven, un "mundo para vivir" *(Wohnwelt)* donde todo tiene un significado para ellos (mundo cognitivo-*Merkwelt*) y en el que desarrollan su eficacia y su interacción (mundo efectivo-*Wirkwelt*).[2]

A partir de 1922, Vladimir Vernadski, durante unas clases magistrales en la Sorbona de París, amplió finalmente el concepto de biosfera (en el sentido estricto de naturaleza viva), que ya había sido introducido por Eduard Suess, a *biosfera* en el sentido amplio de la interacción de elementos inorgánicos y de la naturaleza viva, cuya investigación debía ser el programa de una nueva ciencia llamada biogeoquímica, y, todo ello, bajo la impresión de que se estaban abriendo paso las manipulaciones humanas de dicho sistema: "Nos encontramos actualmente en un período de cambios revolucionarios en las condiciones del equilibrio termodinámico dentro de la biosfera", cuya causa sería la "actividad técnica de la humanidad".[3] Esta actividad se ha-

---

[1] Wilhelm Ostwald, *Der energetische Imperativ,* Leipzig, 1912, p. 88.

[2] Jacob von Uexküll, *Umwelt und Innenwelt der Tiere,* Berlín, 1909. Ídem, *Streifzüge durch die Umwelten von Tieren und Menschen,* Berlín, 1934.

[3] Vladimir Vernadski, *Geochemie in ausgewählten Kapiteln,* Leipzig, 1930, 232 (de: ídem, *La géochimie,* París 1924). Ídem, *Die Biosphäre* (París, 1929), Leipzig, 1930.

bría convertido en una fuerza geológica que da forma al planeta guiada por la cognición, del griego *νούς*, y habría formado una esfera propia, la *noosfera* que, perteneciendo a la biosfera global, se giraría a la vez hacia ella y no la dejaría igual que antes. Aun cuando esto sucediera sin consciencia de las consecuencias, de hecho, la faz del planeta sufriría con ello una "alteración química extrema".[1]

La ecología es, sobre todo, objeto de estudio de las *ciencias* hasta mitad del siglo XX; en la segunda mitad del siglo pasado, debido a los perjuicios ecológicos patentes o temidos, se convierte también en objeto de un compromiso político y en la preocupación de los *movimientos en defensa del medio ambiente*. El comienzo lo marca en 1962 un libro de Rachel Carson en el que se denunció la destrucción ecológica provocada por el uso de productos químicos nocivos,[2] lo que propició la aparición de las primeras organizaciones ecologistas en Estados Unidos para oponerse a la contaminación del suelo con productos químicos, a la del agua y del aire y sus muy peligrosas consecuencias para hombres, animales y plantas. Una institución que se enfrentó a los problemas ecológicos, así como a los sociales y políticos de dimensiones universales, que ganó para ello un público a nivel planetario y que tendió el puente entre ciencia y compromiso, fue el Club de Roma, fundado en 1968 como organización independiente por científicos

---

[1] Ídem, *Einige Worte über die Noosphäre* (1944), en: *Biologie in der Schule,* Berlín, 21 (1972), p. 227. Para la acuñación del concepto de "noosfera", Vernadski remite a Teilhard de Chardin y Edouard Le Roy.

[2] Rachel Carson, *Der stumme Frühling* (Boston, 1962), Múnich, 1968.

de las más diversas disciplinas, precisamente en el mismo
año en el que circularon por el mundo las imágenes que
mostraban el planeta desde la distancia lunar, con su belleza y fragilidad. En 1971, el informe del Club de Roma
sobre los "límites del crecimiento" desencadenó una primera gran conmoción, sobre todo en los países más ricos
que se habían acostumbrado a pensar únicamente en términos de crecimiento y aumento de la producción, y a hacer
caso omiso de problemas como la limitación de las materias primas y la destrucción de interrelaciones ecológicas.

En 1973 Arne Naess desarrolló el concepto de la "ecología profunda" (*Deep Ecology*), y abandonó su cátedra de
Filosofía en Oslo en 1969 para dedicarse por entero, en teoría y práctica, a la fundación y la realización de una ecología que comprendiera un entendimiento distinto del sujeto
y un cambio trascendental en las estructuras de pensamiento.[1] Este concepto de la ecología profunda marcará toda
la discusión internacional sobre el tema. No menos relevante es el caso de los trabajos llevados a cabo por James
Lovelock a partir de 1974, realizados inicialmente junto a
la bióloga Lynn Margulis, sobre la *hipótesis de Gaia,* según

---

[1] Arne Naess, The Shallow and the Deep. Begründung der Tiefenökologie en:
Jahrbuch Ökologie 1997, Múnich, 1996; texto en inglés en: *Inquiry* 16 (1973). Ídem,
Ecology, Community and Lifestyle. Outline of an Ecosophy, Cambridge, 1989. David
Rothenberg, *Is it painful to think? Conversations with Arne Naess,* Minneapolis,
1993. Cf. Bill Devall, *Die tiefenökologische Bewegung,* en: Dieter Birnbacher (ed.),
Ökophilosophie, Stuttgart, 1997; texto en inglés en: *Natural Resources Journal* 20
(1980). Bill Devall y George Sessions, *Deep Ecology. Living as If Nature Mattered,*
Layton, 1985.

la cual debe entenderse la tierra (del griego γαία) como un organismo vivo. En 1961, el biofísico participó en el proyecto de la primera sonda lunar de la organización espacial americana, la NASA, y asumió después la tarea del análisis teórico de la posibilidad de vida en Marte. Finalmente dirigió de nuevo desde allí su mirada imaginaria hacia el planeta tierra y reconoció entonces "con nuevos ojos", como dice él, su peculiaridad. Inicia la "biografía de nuestro planeta", que escribió luego, con la mirada desde el exterior: "Gaia era desde el principio una contemplación de los procesos en la tierra desde arriba", una perspectiva tan reveladora que hacía que, al compararla con Venus y Marte, la tierra se mostrase como una bella y curiosa anomalía.[1]

Lovelock quiso fundar una "geofisiología", que tuviera como objeto de investigación la condición del planeta y que intentara entender la tierra como un ser vivo que se autorregula. Según este autor, el hecho de que toda la tierra pueda ser considerada un ser vivo tiene su fundamento en que los organismos aislados no se conforman de ningún modo con adaptarse sólo a un entorno, sino que pasan a construirlo a su medida. Esta acción, que parte de los organismos y seres vivos de la biosfera, influye también en la atmósfera, la hidrosfera y la litosfera. Gaia es, por eso, "un planeta en el que la vida no sólo se adapta a la tierra, sino que también da forma a la tierra, de modo que pueda ser un hogar para

---

[1] James Lovelock, *Das Gaia-Prinzip. Die Biographie unseres Planeten* (1988), Múnich, 1991, 53; *"Gaia war von Anfang an"* p. 9: sobre la mirada desde el exterior, pp. 29, 42 s., 237 s., 263 y 300.

la vida".[1] La hipótesis de Gaia refuerza la conclusión de que todos los tipos de organismos y los ciclos de todos los elementos están estrechamente unidos entre sí. No obstante, este entramado de interacciones se ve alterado sensiblemente por la combustión de recursos energéticos fósiles llevada a cabo por el hombre, que acarrea el aumento del contenido de dióxido de carbono en la atmósfera, la reducción del oxígeno y calentamiento global en un período de tiempo relativamente breve, por lo cual Lovelock consideró como "bastante seguro" que "la nueva situación resultará para el propio hombre, en cualquier caso, menos propicia que las circunstancias en las que vivimos hoy".[2]

Hans Jonas presentó en 1979 una ética para hacer frente a los problemas ecológicos de dimensiones globales emergentes de forma cada vez más notoria con un "principio de responsabilidad". El informe elaborado en 1980 bajo el mandato del presidente americano Jimmy Carter "Global 2000" expuso de forma acertada el estado de conocimientos acerca de estos problemas y habría podido llegar a ser la base de la actuación política si no le hubiera seguido la década de la administración Reagan, que se puede considerar perdida en el aspecto ecológico, y durante cuyo transcurso los problemas ecológicos alcanzaron un punto culminante, sin que se tomaran iniciativas políticas efectivas para su control. En 1982 la "muerte de los bosques" se convirtió en concepto y en ese mismo año se votó a "los verdes" (*"Die Grünen"*) en el Parlamento alemán; fue la primera representación par-

---

[1] James Lovelock, *Das Gaia-Prinzip*, 99; "Geophysiologie", pp. 19 y 33.
[2] Ibídem, p. 210. Cf. ídem, *Gaias Rache* (2006), Berlín, 2008.

lamentaria del movimiento ecologista. En 1985 el así llamado "agujero de ozono" adquirió el estatus de conocimiento científico probado, provocado desde 1930 por clorofluorcarbonados (CFC) producidos artificialmente, que conducen a una reducción de la capa de ozono en la estratosfera, de modo que la peligrosa radiación solar ultravioleta puede actuar libremente sobre la piel humana. La mirada desde el exterior proporcionada por los satélites fue partícipe del descubrimiento del agujero de ozono; no obstante, los datos de las mediciones, que, a fin de cuentas, sólo se hicieron constar con tal de obtener cifras comparativas para una investigación de la atmósfera de Venus, pasaron inadvertidos al principio, hasta que las observaciones de una estación de tierra en el Antártico hicieron inevitable la nueva conclusión. Tuvieron que transcurrir diez años más para que en 1995 se instalase un satélite específico dedicado a la observación continua de toda la capa de ozono. El agujero de ozono tuvo consecuencias notorias en la conciencia de los problemas ecológicos, conciencia que creció bruscamente con las advertencias de evitar la exposición directa a la radiación solar; muchos sintieron entonces que las bases de la existencia del propio hombre estaban amenazadas. Por eso, ya en el paso de 1988 a 1989 la revista *Time* no presentó, como de costumbre, la foto del hombre o de la mujer del año, sino la imagen del planeta acompañada de un gran signo de interrogación; muchas publicaciones pusieron ante nuestros ojos la problemática ecológica global.[1]

---

[1] Ernst Ulrich von Weizsäcker, *Erdpolitik. Ökologische Realpolitik an der Schwelle zum Jahrhundert der Umwelt*, Darmstadt, 1989. Paul Crutzen y Michael

La desaparición de la "cuestión del sistema" –socialismo o capitalismo–, que a lo largo de las décadas había tenido atrapados el pensamiento y la fantasía del hombre, contribuyó ante todo a que, a partir de 1989, se tomara más en serio la cuestión ecológica, antes de que amenazara con perder terreno ante la nueva cuestión social. En 1991, el Club de Roma vio al menos la "primera revolución global" en camino, ya que entretanto la "problemática mundial" había penetrado en la conciencia general.[1] La Cumbre sobre la Tierra, que se celebró en 1992 en Río de Janeiro y que desgraciadamente no tuvo consecuencias, resultó al menos notable por el simple hecho de celebrarse y puso en el orden del día de la política internacional con una "Convención sobre el Clima" el que probablemente era el problema ecológico central; en ese momento muchos expertos en clima consideraron (a pesar de que no podía haber certeza científica al respecto) que en el siglo XXI las temperaturas subirían de tres a cuatro grados de forma global.[2] Esto podría acarrear un desplazamiento de las zonas climáticas y el nivel del mar podría elevarse a causa del deshielo y la expansión del agua; además, podrían desaparecer del mapa islas y comarcas enteras. El ciclo del agua en la tierra podría cam-

---

Müller (ed.), *Das Ende des blauen Planeten? Der Klimakollaps.* Gefahren und Auswege, Múnich, 1989. Lutz Franke (ed.), *Wir haben nur eine Erde,* Darmstadt, 1989.

[1] Club de Roma (ed.), *Die erste globale Revolution. Bericht zur Lage der Welt. Zwanzig Jahre nach "Die Grenzen des Wachstums",* Frankfurt del Meno, 1992.

[2] Grundlegende Zubammenhänge: Jonathan Weiner, *Die nächsten 100 Jahre. Wie der Treibhauseffekt unser Leben verändern wird,* München 1990. Stefan Rahmstorf y Hans-Joachim Schellnhuber, *Der Klimawandel: Diagnose, Prognose,* Múnich, 2007.

biar, la atmósfera podría enriquecerse con vapor de agua debido al calentamiento, lo que a su vez llevaría a que se formasen más nubes e influiría en la circulación del viento, unido a un aumento de fenómenos meteorológicos extremos y una multiplicación de tormentas e inundaciones. Quien en el norte de Europa esperaba gozar de temperaturas en ascenso, con el calentamiento global tal vez incluso se viera confrontado a temperaturas en descenso debido a un enfriamiento de la corriente atlántica del Golfo.

Así nació la conciencia ecológica moderna, que ya no es la conciencia que otras épocas y otras culturas podían tener de las interrelaciones ecológicas, ya que tiene que ver con problemas antropogénicos de alcance global. La tierra entera es entendida ahora como el hogar (del griego οἶκος), como un mundo para vivir *(Wohnwelt)* que el hombre comparte con todos los seres vivos y organismos. El concepto de mundo para vivir indica mejor que el término "medio ambiente" lo que está en tela de juicio, es decir, la existencia del propio hombre ligado a este vivir, mientras que "medio ambiente" sugiere un mundo que sólo afecta de forma periférica al hombre y su existencia. La palabra λόγος como término ecológico indica que la ecología trata del conocimiento de las interdependencias de este hogar, de la interacción de las diversas esferas a escala global y en ecosistemas menores, como son los característicos de una zona o una región; a escala reducida son biótopos que caracterizan las condiciones de vida inmediatas de los seres vivos en un lugar determinado. *Ecología* significa con ello, en cuanto al concepto, una cultura del vivir y una comprensión de las interrelaciones de ese vivir tanto en un lugar determinado como en cualquier punto del planeta. Como disciplina, tiene una dimensión epistémica, si bien de una disciplina con estatus variable, pues no está relacionada con un "objeto" claramente delimitable; además, la diversidad de las conexiones y las interacciones por investigar es prácticamente inabarcable y está en continuo movimiento. En esta disciplina no hay ningún sujeto que no participe conscientemente, que no esté él mismo implicado por completo en las interrelaciones y que no sólo se esfuerce por saber, sino también por comprender, pues muchas cosas se basan en el significado de las conexiones que sólo pueden deducirse hermenéuticamente.

La ecología como disciplina (no sólo biológica) alcanza sus conclusiones junto con la química, la física, la geología, la meteorología, la atmosferología, la oceanografía, etcétera y se funde con ellas en nuevas disciplinas, de forma que representa un elemento dinámico y transversal en el sistema de las ciencias. Llega a sus conclusiones tanto explorando interdependencias in situ como recopilando datos de medición globales en el espacio orbital. No puede decir nada respecto a cómo está "realmente" formado un ecosistema, sólo describir su funcionamiento en un momento concreto y compararlo con su funcionamiento en otro momento distinto, para determinar continuidades y discontinuidades y predecir posibles o probables evoluciones. Sin duda, se ocupa de la naturaleza, pero se puede distinguir menos que nunca lo que es "auténtica" naturaleza, ya que la influencia humana sobre ella ha adquirido dimensiones globales, de modo que la naturaleza creada (*natura naturata*) ya no existe por sí misma independientemente del hombre. El rostro humano se dibuja desde hace mucho tiempo en este paisaje que aún se llama naturaleza. Esto mismo vale en mayor medida para la naturaleza creadora (*natura naturans*), sobre la que se puede influir con medios técnicos a nivel atómico y molecular, de modo que ya en el momento de su creación la naturaleza está a merced de la manipulación por medio de la "noosfera" del hombre. El hombre y la naturaleza ya no son los mundos separados resultantes de la división cartesiana entre un sujeto racional pensante (*res cognitans*) y una naturaleza contrapuesta a él que se extiende en el espacio (*res extensa*), según expresa el uso de la palabra refiriéndose, por un lado, al hombre y, por otro, a su entorno. La interpretación de la naturaleza tiene su propia historia, pero ahora el hombre y la naturaleza están entrelazados de forma íntima y global: el propio hombre no es sólo parte del sistema llamado naturaleza y no solamente se halla sometido a él, sino que él mismo interviene en el funcionamiento del sistema y lo modifica hasta tal punto que ya no se puede hablar de naturaleza en sentido objetivo.

La ecología, sin embargo, no se agota como ciencia en su dimensión epistemológica, sino que contiene también una *dimensión ético-ascética*. La ecología como ciencia sólo puede investigar estados dados y sus modificaciones; lo que puede hacerse, sin embargo, con las conclusiones adquiridas al respecto es un planteamiento de la ecología como ética y arte de vivir. Aunque la ecología entendida como ética y arte de vivir no puede renunciar al conocimiento de interrelaciones, tampoco deja pasar la cuestión de la actitud y la conducta sin reflexión ni crítica. Se debe poner de nuevo en marcha toda una hermenéutica que consista en interpretar y valorar el conocimiento, relacionarlo con la vida como es vivida e incorporarlo al conocimiento de la misma. La gestión del conocimiento que explora las estructuras y las interrelaciones ecológicas, así como la interpretación de este conocimiento sirven finalmente para determinar hasta qué punto deben tenerse en cuenta las conexiones, si se prescinde de ellas o si se deben modificar.

Entran aquí en consideración tres niveles de ética: en el nivel de *Ética I*, pueden ser referidos los principios como el del imperativo categórico, el del discurso antiautoritario, el del provecho utilitarista o el de la responsabilidad que hay que asumir frente a las cuestiones ecológicas para decidir sobre la actitud y la conducta; de hecho, ninguno de los principios puede regularizar la elección que cada individuo debe tomar por sí mismo. Tampoco en el nivel de *Ética II*, que trata de la búsqueda de posibles reglamentaciones generales con vistas a problemas que se plantean de forma concreta, se exonera al individuo de su propia responsabilidad para elegir si se implica en el proceso de búsqueda de reglas y cómo lo hace y, finalmente, poner en práctica él mismo las reglamentaciones establecidas. En cualquier caso, el nivel del proyecto de vida y del arte de vivir individual, la *Ética III*, resulta ya irrenunciable para los dos primeros niveles; además éste es el nivel en que no se tiene que esperar hasta la fundamentación última de principios teóricos y la entrada en vigor de las reglamentaciones generales para estar en situación de llevar a cabo un *proyecto de vida ecológico* autónomo. No sólo se debe calificar de ecologista al representante de la ecología como ciencia, sino a aquel que hace de la conciencia ecológica la base de su proyecto de vida y procura integrarse en interrelaciones ecológicas de forma inteligente y sensible, y en cualquier caso, procede con ellas con cautela y cuidado. En todos los niveles, la ética y el arte de vivir ecológicos tienen que ver con el problema de la técnica, que resulta central en todo el planteamiento ecológico.

TÉCNICA, TECNOLOGÍA Y ARTE DE VIVIR

La problemática ecológica no es nueva, pues recorre toda la historia occidental.[1] Nueva es la dimensión que adquirió tras los impulsos modernizadores técnicos e industriales de los siglos XIX y XX, y que amenaza con degenerar en una catástrofe para la humanidad entera. Tras la segunda guerra mundial y durante la "guerra fría", la técnica de la fisión nuclear hizo posible la autodestrucción de la humanidad por primera vez en la historia.

Esto obliga a un debate con el poder que representa la técnica, a lo que respondió Heidegger en 1953 con la "cuestión acerca de la técnica". A la espectacular tecnología atómica le hacen sombra, sobre todo, las técnicas usadas cotidianamente que agravan al máximo los problemas ecológicos, un hecho que no se habría percibido al principio. Los años cincuenta constituyen la época de la "eclosión" de la economía planetaria tras la segunda guerra mundial. Especialmente problemática se mostró justo la fuente de

---

[1] Cf. Rolf Peter Sieferle, *Rückblick auf die Natur. Eine Geschichte des Menschen und seiner Umwelt*, Múnich, 1997. Helmut Jäger, *Einführung in die Umweltgeschichte*, Darmstadt, 1994.

energía del progreso en su conjunto, la obtención de energía fósil con que sólo la técnica puede ser producida e impulsada en una dimensión sin precedentes, pero que, al mismo tiempo, libera sustancias nocivas en enormes cantidades: a finales del siglo XX llegaron cada año a la atmósfera miles de millones de toneladas de dióxido de carbono debido a la combustión de recursos energéticos fósiles en centrales energéticas, automóviles y aviones.

La evidencia que ha adquirido la existencia de la técnica para el hombre moderno no nos permite apreciar su peculiaridad. *¿Qué es la técnica?* Una respuesta a esta pregunta ayuda a entender mejor su origen, a conocer sus diferentes manifestaciones, a expresar con precisión los problemas de la concepción tecnológica dominante y a buscar técnicas alternativas. Ante todo, la técnica es una idea: su premisa es la *imaginación* humana y el poder de inventiva que surge de ella, de qué y en qué forma se puede ocupar para obtener ciertos efectos y para solucionar problemas. La propia imaginación parece ser incomprensible, pero en cualquier caso está unida al individuo, que "tiene ideas" y, además, no procede necesariamente de forma metódica. Por otra parte, una manera de proceder metódica, una *técnica sistemática,* requiere la realización de las ideas, que puede ser ejercida con mayor efectividad cuanto más se medite el análisis y el engranaje de los procesos de trabajo, y cuanto más ensayada y regular sea la forma de proceder metódica en la práctica para producir una obra material o inmaterial.

Dentro de la técnica se cuenta también el *trabajo artesano,* aquella forma de proceder metódica que, con conocimientos teóricos limitados, pero con gran destreza manual, sabe producir cosas y manejarlas con experiencia sobrada. Este tipo de técnica, que no por casualidad no ha hallado lugar en el concepto moderno de la técnica, liga la producción de una obra al individuo que invierte su propio esfuerzo en ésta y, por ello, no mantiene una relación de indiferencia hacia ella. También pertenece a la técnica el trabajo artístico, que ya en la Antigüedad se realizaba sin una relación de aprovechamiento directo, pero con ciertas reglas, mientras que en la época moderna las reglas son elegidas libremente por el propio artista para crear la obra como fin en sí misma o en razón de la expresión individual. No obstante, en la época moderna se encuentra totalmente fuera de perspectiva el trabajo en una obra artística que el individuo puede hacer de sí y de su vida, la *técnica subjetiva*, es decir, la tecnología del individuo y el arte de la vida, que apenas fue tenida en cuenta en las filosofías técnicas del siglo XX y que, sin embargo, podría preparar el terreno para obtener una relación diferente con la técnica que se acercaría a la "relación libre" con que soñaba Heidegger.

En la época moderna, el término de la técnica fue reducido a la *técnica objetiva*, que, por un lado, se refiere a un proceso de la producción de objetos metódica, en cadena, desindividualizada. Sin embargo, por otro, abarca en sí misma la totalidad de esos objetos producidos que reclaman un estatus propio, casi ontológico, como si ellos existiesen por sí mismos, mientras que, a pesar de todo, se deben a todas luces al pensamiento y al trabajo de los individuos, pues también aquí es la imaginación la que conduce a la producción; el proceso de producción se basa además en la utilización de la naturaleza, que es usada y a la vez transformada a gran escala. A diferencia de la técnica, que funciona de forma mecánica, la *tecnología* es, además, el desarrollo hacia el proceso "inteligente", que se controla a sí mismo por medio de complejos acoplamientos retroactivos y desarrolla aún más una vida independiente; en gran parte se puede renunciar a la participación del hombre. No obstante, es la inteligencia y la creatividad de los individuos las que realmente hacen posible la representación y la programación de estos procesos. La tecnología crece, como la técnica, a partir del hombre, si bien transmite la impresión de automaticidad y esencialidad propias. Y cualquier trabajo en una obra técnica o tecnológica, cualquier relación con ello, es a la vez un trabajo del sujeto en sí mismo, según el principio *fabricando fabricamur*: de esta manera el sujeto crea y se transforma a sí mismo, la técnica subjetiva y objetiva están estrechamente ligadas entre sí; la producción y el uso de técnica y tecnología son formas de la autoapropiación y de la apropiación del mundo a través de las cuales el sujeto intenta llevar a cabo una vida plena o bien no alcanza esa vida plena.

Puesta en la obra del hombre, la técnica y la tecnología objetiva, con su inherente dinámica propia, sin duda se han convertido en la época moderna en un poder histórico de primer grado que estimula y a la vez amenaza la vida plena. Cinco problemas, formulados por Hans Jonas con gran claridad,[1] han revelado además consecuencias inescrutables:

---

[1] Hans Jonas, *Warum die Technik ein Gegenstand für die Ethik ist: Fünf Gründe*, en: Hans Lenk y Günter Ropohl (ed.), *Technik und Ethik*, Stuttgart, 1987.

1. *Ambivalencia de los efectos*: Lo que no sólo significa que el empleo de la técnica traiga consigo consecuencias útiles o problemáticas, sino que justo la aplicación útil de una técnica a partir de un punto determinado puede acarrear consecuencias problemáticas, de modo que paradójicamente el peligro de la técnica se encuentra "más en el éxito que en el fracaso".

2. *Obligatoriedad de la aplicación:* Habitualmente quiere decir disponer de un poder y no tener que ejercerlo de forma necesaria. Sólo en el caso de la técnica, según toda experiencia, la simple capacidad de disposición parece tener obligatoriamente como consecuencia su aplicación; la "caritativa separación" (acto-potencia-diferencia) entre disposición y aplicación, por los motivos que sea, no se mantiene.

3. *Dimensiones globales en espacio y tiempo*: Cada aplicación técnica se transforma de repente en "grande", simplemente ya por el hecho de poder ser usada por un grandísimo número de personas. La técnica, pero sobre todo su efecto, tiene difusión espacial en todo el planeta e influye sobre las condiciones de vida de las generaciones futuras como consecuencia desfavorable en el tiempo; en razón de ventajas momentáneas a corto plazo, se aceptan consecuencias de gran alcance a largo plazo.

4. *Ruptura del antropocentrismo:* El alcance de la técnica no sólo tiene consecuencias para el propio hombre, más bien el "exceso de poder" que le otorga amenaza toda la biosfera del planeta, que al ser dañada, ame-

naza a su vez la existencia humana, de modo que el hombre por sí mismo tiene que liberarse de la fijación en sí mismo, para descubrir su solidaridad con todo lo que existe y vive.

5. *Planteamiento de la cuestión metafísica:* Con respecto al "potencial apocalíptico de la técnica", que hace parecer posible la destrucción de la vida superior en el planeta y la propia extinción humana, se plantea la pregunta, hasta ahora jamás planteada, de si realmente debe haber una humanidad y, en caso afirmativo, por qué.

El arte de vivir ecológico contribuye a encontrar respuestas a todo ello. Con respecto a los efectos ambivalentes de la técnica y la tecnología objetiva, realmente dichos efectos no pueden ser anulados, sino sólo amortiguados por medio de la *reflexión crítica de la técnica* y la sensibilización sobre un uso consciente de la misma. La ética de la técnica y la filosofía de la técnica conducen hacia tal fin, no sólo debido a la experiencia histórica de que tanto el entusiasmo, en cuyas olas tienen aceptación las nuevas técnicas, como la vehemencia con que son rechazadas habitualmente nos impide ver un uso selectivo, reflexivo. Reflexionar es como saltar fuera de los procesos que se desarrollan de forma mecánica y se controlan perfectamente a sí mismos para aclarar las condiciones y consecuencias de su funcionamiento y relacionar al sujeto con ello. Ante el problema de que la técnica sólo aparece "en forma cosificada, como producto elaborado de la actividad del inge-

niero", es importante disociar ese término técnico cosifi-
cado.[1] Esto sucede al ver la técnica objetiva y subjetiva en
su relación mutua, en lugar de separadas, de modo que la
técnica puede ser entendida como técnica de la organización y la creación de la vida, y ser juzgada críticamente como
herramienta del arte de vivir.

Frente a la obligatoriedad de la aplicación de la técnica,
el sujeto del arte de vivir hace hincapié en la *cuestión de la
elección y de la utilización* tanto a nivel social-general como
en el ámbito del que el propio individuo es responsable directo. Aunque existe una dinámica propia de la técnica y a
menudo deciden sobre su aplicación intereses políticos y
económicos sobre los que el individuo no tiene influencia
directa, sin embargo, es verdad que el propio individuo decide sobre la aplicación en su entorno, y también le incumbe
la elección en cuanto a la forma de uso que se hace cotidianamente de una técnica. Tener una relación exigente con
la técnica significa que la mera posibilidad de poder disponer de una técnica, en la práctica no debe desembocar
en su aplicación obligatoria, por tanto del potencial no deriva forzosamente su actualización. Qué importancia se concede a qué técnica en la propia vida depende más bien del
modo de verse uno mismo; la forma de usarla es un componente de la concepción de sí mismo, pues el trato con
objetos y procesos técnicos tiene efectos retroactivos sobre
el individuo, el cual los interioriza y contribuye a su subje-
tivación.

---

[1] Kurt Klagenfurt, *Technologische Zivilisation und transklassische Logik*, Frankfurt del Meno, 1994, pp. 19 s.

Al problema de dimensiones globales espaciotemporales que puede surgir ya del uso masificado y cotidiano de ciertas técnicas, responde la *conciencia ampliada espacial y temporalmente* del sujeto del arte de vivir. La cotidiana y tradicional percepción próxima que procede todavía de relaciones premodernas y resulta por entero suficiente bajo condiciones habituales, no puede considerar en modo alguno el alcance de la técnica y la tecnología modernas y, por ello, tiene que ser complementada con una visión de futuro que se interesa por las extensas conexiones espaciales y temporales de la aplicación de ciertas técnicas. Al instrumental corresponde la pregunta de dónde-adónde, que el sujeto plantea una y otra vez: ¿de dónde vienen esta y esa técnica, de dónde proceden las materias y energías que son empleadas para su producción y su aplicación, adónde van cuando han sido utilizadas y qué consecuencias trae consigo su uso, aun cuando las repercusiones se hacen sentir en lugares remotos o sólo se esperan en tiempos futuros?

A la amenaza de toda la biosfera por las intervenciones del hombre, cuyas consecuencias repercuten de nuevo en la propia existencia humana y, por ello, hacen necesaria la ruptura del antropocentrismo, se puede responder con la búsqueda de *otras técnicas y tecnologías* que no acarrean los mismos problemas, proceden más respetuosamente con las conexiones ecológicas y se integran mejor en ellas. Está en cuestión un "enverdecer de la tecnología"[1], una reacti-

---

[1] James Gustav Speth, *Das Ergrünen der Technologie*, en: *Jahrbuch Ökologie* (*Anuario de Ecología*) 1992, Múnich, 1991. Cf. ídem, *The Bridge at the Edge of the World,* 2008.

vación de la imaginación para llegar a nuevos inventos y a la aplicación de tecnologías inteligentes que logren sustituir las "tecnologías antediluvianas" tradicionales. Ya han sido formulados siete criterios para una transformación ecológica de la técnica [1] que se concentran en el doble objetivo del respeto por las interrelaciones ecológicas y por el propio hombre:

1. Limpieza (prevención de emisiones).
2. Productividad energética (eficiencia energética máxima).
3. Productividad de materias primas (reciclado).
4. Utilización ecológica del suelo.
5. Alta intensidad informativa y a escala.
6. Tolerancia hacia los errores.
7. Aptitud para el trabajo propio. Unas nuevas formas de trabajo, que también incluyen el trabajo artesano, el trabajo artístico, el trabajo del individuo en sí mismo y el trabajo convertido en "arte" por sí mismo, redescubren el concepto de la técnica ampliado y contribuyen a su transformación ecológica.

La inventiva de los individuos es aquella con cuya ayuda, además, pueden ser desarrolladas nuevas técnicas y tecnologías, cuya utilidad todavía tiene que ser probada y cuya propia ambivalencia aún debe ser experimentada. Por medio de una tecnología que nace directamente del cuerpo y de los procesos de pensamiento del sujeto, puede desaparecer

---

[1] Ernst Ulrich Weizsäcker, *Erdpolitik*, Darmstadt, [4]1994, p. 224 s.

la interfaz entre sujeto y técnica objetiva e intensificarse la interacción entre hombre y máquina. Con organismos producidos a partir de la cibernética, la "técnica *cyborg*" difumina las fronteras entre técnica humana y naturaleza orgánica. Al contrario, la "biónica" convierte en técnica formas de funcionamiento naturales: especialmente prometedora parece la tecnología solar biológica, que intenta reproducir técnicamente la forma de funcionamiento de la fotosíntesis y emplearla para la obtención de energía. La "fitotecnología", a su vez, puede ser utilizada para practicar una denominada "química hacia atrás", es decir, con la ayuda de plantas y microorganismos, descomponer materias en sus componentes básicos, sobre todo materias perjudiciales y materias plásticas aprovechables para compost y volver a los ciclos elementales. Una nueva tecnología muy extendida, que requiere la visión conjunta de gran número de interacciones, es la "ecopoiesis", que puede servir para crear de manera artificial completos sistemas ecológicos y biosferas o para restablecer interrelaciones ecológicas destruidas.

Queda sin contestar, sin embargo, la cuestión metafísica planteada por el potencial apocalíptico de la técnica moderna de si realmente debe existir una humanidad. Aun cuando se confía en un arte de vivir ecológico en sentido amplio que contribuye a la "correcta autovaloración del poder transmitido por la técnica",[1] para proceder con la correspondiente cautela y preocuparse por el bienestar del

---

[1] Otfried Höffe, *Moral als Preis der Moderne*, Frankfurt del Meno, 1993, p. 156; *"ökologische Lebenskunst"* ("arte de vivir ecológico"), 151.

género humano, la cuestión queda abierta. No basta un nuevo imperativo categórico, como el que sustituye a una respuesta, siguiendo a Hans Jonas, y conforme al cual a la humanidad se le habría ofrecido existir, además de que se le habría prohibido poner en peligro tan sólo remotamente esa existencia, pues el imperativo no puede cambiar nada en el hecho de que los individuos son libres, en cualquier caso, de realizar su propia elección; nada ni nadie puede forzarlos a una determinada elección: *¿debe haber una humanidad?* Ésa seguramente no es sólo una "pregunta fundamentalista", para cuya respuesta bastaría esgrimir razones éticas y morales para "una extinción de la humanidad", con la esperanza de despertar resistencias en contra.[1] Más aún, se debe hacer una elección, y en la sincera formación de opinión sobre el tema, encuentran entrada los más diversos argumentos y motivos. De hecho, el sujeto experimenta aquí la consecuencia extrema de la libertad moderna, de la que no puede escapar: el hombre, cada individuo, es libre de decidir qué dimensión puede tomar la destrucción ecológica y, teniendo en cuenta la dimensión extrema, si todavía debe existir una humanidad o no. ¿Cómo se realiza esa elección fundamental? ¿Debemos imaginarnos con ello un acuerdo planetario? En cierto modo, sí. Cada uno elige, a saber: con su vida, con el modo de ejecutar su existencia, con el estilo de la existencia, ya sea a través de una elección activa o una revocación, una elección pasiva explícita o im-

---

[1] Karim Akerma, *Soll eine Menschheit sein? Eine fundamental-ethische Frage*, Cuxhaven, 1995. Cf. Gregory Fuller, *Das Ende. Von der heiteren Hoffnungslosigkeit im Angesicht der ökologischen Katastrophe*, Frankfurt del Meno, 1996.

plícita, o a través de una no elección, que es igualmente una elección. El resultado no se conocerá hasta que pase mucho tiempo.

No puede derivarse forzosamente un imperativo de la actuación a partir de la simple condición de la destrucción inminente: a un Ser no le sigue un Deber. Hay algo sobre lo que no coinciden en absoluto todos los hombres: en que en verdad haya una amenaza existencial, y no muchos extraen la conclusión de tener que considerar esa amenaza. Tampoco está claro cuáles serían las actuaciones correctas y quién debería llevarlas a cabo si la amenaza se tomase en serio. Si realmente se tratase de la existencia de la humanidad (y esto al menos ya no puede ser descartado), entonces entran también en juego buenas razones *a favor* y *en contra* que, al final, se reducen a que su existencia parece bella y positiva, o bien, en el otro caso, fea y negativa. Para unos, la belleza de la propia existencia humana no debe disminuir a través de la experiencia del sufrimiento; para otros, precisamente el sufrimiento que los hombres tienen que soportar, y que ellos causan a sus semejantes y a otros seres vivos, es razón para hacer deseable la desaparición de la humanidad. Y mientras para algunos se trata del disfrute momentáneo de la vida, sin tener en cuenta las consecuencias a largo plazo que esto pueda acarrear; otros extraen la más absoluta gratificación pensando y actuando más allá de sí mismos, manteniendo las condiciones de existencia básicas y llevando adelante la vida. En esta situación hay que hacer una elección que nadie puede realizar por el individuo, y de la que, sin embargo, depende todo. La base de esa elección sólo puede ser la inteligencia, que permite obrar sobre la base de la sensibilidad "según la mejor ciencia y conciencia" y que no sólo requiere extrema certeza para ello, pues quizá, cuando hayan sido superadas las últimas inseguridades, muy probablemente sea demasiado tarde para actuar. La pregunta de si en verdad se puede confiar en la inteligencia, ya que la falta de inteligencia parece ser una constante antropológica, resulta superflua, pues las alternativas que se brindan a la elección fundamental respecto a la existencia humana se agudizan a ser *inteligente* o estar *muerto, tertium non datur.* No se sabe qué cantidad de "votos" será decisiva para ello y jamás se determinará un "resultado final oficial". Sólo parece cierto que esa elección tiene lugar y que no hay ningún argumento absoluto contra la alternativa de la muerte, pues ante todo se trata de una elección.

INTELIGENCIA ECOLÓGICA

El autismo de la existencia humana contemporánea fue decisivo para que la técnica moderna creada por los hombres pudiera independizarse, sin que éstos se dieran mucha cuenta de ello. La amenazadora cuestión de si debe existir una humanidad es la consecuencia de una época en que los hombres se interesaron preferentemente por su propia vida interior y abandonaron a su propia suerte ese mundo exterior técnico en ciernes. El cuadro de Hopper *Excursión a la filosofía* muestra esa época en que el mundo burgués mantenía aún un gran orden, orden que reproduce como la egolatría de los individuos en un entorno de bienestar. Estos individuos jamás se ocupan de los demás, sino cada cual de sí mismo: es la consecuencia forzosa de una evolución en cuyo transcurso el sujeto se ha desligado del mundo exterior para sumergirse en las profundidades de sí mismo. Detectar y denunciar las repercusiones sociales y ecológicas de esta constelación, a cuya creación contribuyó el olvido de la inteligencia, quedó relegado a aquellos que, equipados con una sensibilidad hipocondríaca y un ímpetu revolucionario, buscando la "vida verdadera", se opusieron a la ignorancia del mundo burgués, abandonaron su estrechez y, con una atención renovada, percibieron el mundo exterior y la amenaza de la vida en él.

La inteligencia ecológica sólo puede resultar del *propio interés existencial* de los individuos, pero un propio interés *ilustrado* que no persevera en la introspección del individuo, sino que se interesa por sus condiciones y posibilidades para llevar una existencia bella y positiva. Esto ha encontrado eco en la discusión sobre una ética ecológica como argumento de la "relevancia existencial".[1] Las interrelaciones ecológicas son valoradas como "existencialmente relevantes" por los individuos cuando ven las condiciones y posibilidades de su propia vida vinculadas a ellas. Este interés ecológico propio puede reclamar consideración social ante otros intereses, ya que responder con prontitud a un posible riesgo ecológico no perjudica la existencia de los demás, sino todo lo contrario: se garantizan las bases de su existencia. Si, por el contrario, no se toma en serio el posible riesgo y realmente sigue su transcurso, no sólo se cuestiona la existencia de aquellos que se comportan de forma negligente, sino también la de aquellos que se preocupan, y aún más, la de aquellos que no pueden hacer nada al respecto: no es casual que las generaciones de adolescentes reprochen irreflexión a los mayores en

---

[1] Konrad Ott, *Ökologie und Ethik. Ein Versuch praktischer Philosophie*, Tubinga, 1993, p. 136 y ss. También en este ensayo desempeña un papel determinante, como señala el autor al comienzo, la mirada "desde el exterior" a la biosfera: este "shock aeronáutico" se habría convertido en característico de una nueva visión de la tierra.

el trato con los medios que permitirán vivir a sus descendientes, a cuya costa han llevado una "buena vida".[1]

El camino hacia el propio interés *ilustrado* pasa por una crecida atención y respeto, una percepción reforzada sensorial, estructural y virtualmente, para obtener la sensibilidad necesaria individual y social. El individuo se esfuerza por *el respeto a las interrelaciones desarrolladas*, adquiriendo conocimientos acerca de su origen y su historia, y acumulando experiencias ya vividas que tengan relación con ellas en la propia formación de opinión. Así, se tiene en cuenta que las interrelaciones ecológicas se han formado durante mucho tiempo sobre caminos sinuosos y pueden ser destruidas por medio de una única acción no premeditada. La *prudencia como percepción atenta del mundo donde vivir*, a su vez, intenta no perder de vista todos los aspectos y factores posibles que determinan una situación actual en el ámbito más estrecho y más amplio y, en cierto modo, pueden ser significativos para la vida como es vivida, aun cuando no parezcan estar en relación directa con la propia existencia. La *precaución como forma de proceder moderada* toma en consideración las condiciones derivadas del respeto y la prudencia, y el individuo orienta su comportamiento a comprenderlas para adaptarse al máximo al entramado ecológico existente y no hacer nada que pudiera poner en peligro de forma desproporcionada esta estructura y al propio individuo que de ella depende. La *previ-*

---

[1] Jörg Tremmel, *Der Generationsbetrug. Plädoyer für das Recht der Jugend auf Zukunft*, Frankfurt del Meno, 1996.

sión sobre circunstancias futuras amplía el horizonte de la sensibilidad más allá de lo desarrollado y lo presente hacia las consecuencias del comportamiento actual, así como hacia las posibilidades y exigencias que debemos esperar en el futuro y para las que hay que encontrar respuestas a tiempo.

Con la ayuda de estos cuatro aspectos se puede llevar a cabo el *principio de supervivencia* de la inteligencia ecológica: no llegar a una situación en que el riesgo ecológico podría repercutir tanto sobre el propio individuo y el hombre en general, que quizá ya no hubiese escapatoria; no hacer nada que pudiese agotar la posibilidad de una vida libre y dueña de sí misma. El primer imperativo ecológico puede ser formulado sobre este principio: Actúa de forma que no arruines las bases de tu propia existencia. Reconocer este imperativo es un acto de autolegislación, nada ni nadie puede imponer al individuo que lo reconozca; cumplirlo es sólo consecuencia del propio entendimiento. Es posible contravenir el imperativo en cualquier momento, pero un comportamiento tal no puede reclamar inteligencia. Sin duda, el planteamiento que adjudica al propio individuo una importancia central al responder a preguntas ecológicas podría ser calificado de *antropocéntrico ilustrado*. Ya que la problemática ecológica es manifiestamente *antropogénica*, originada por el hombre, la respuesta al respecto también debería darla el propio sujeto humano, en lugar de adoptar una postura antropofugal, de negar y evitar por tanto la existencia del hombre tras un hecho consumado. Es cierto que puede reprocharse a la orientación antropocéntrica el haber permanecido demasiado atrapada en la tradición cultural occidental, pero la búsqueda de respuestas no puede ser atribuida a otras culturas, sino que la misma cultura responsable debería revisar su tradición y modificar especialmente la problemática época moderna (concepto de sujeto, relación con el mundo, comprensión de la técnica, interpretación de la razón). La diferencia con el antropocentrismo tradicional consiste en que ahora el significado del sujeto humano ya no se deduce por motivos cosmológicos (centro del cosmos), ontológicos (dueño de la existencia) o teleológicos (cima de la creación), sino que únicamente se relaciona con su capacidad de actuación pragmática e inteligente. Este planteamiento es también antropocéntrico ilustrado, ya que no puede tratarse una vez más de atribuir únicamente al hombre valor intrínseco, autónomo, y, por el contrario, todo lo que existe y vive sólo tendría valor extrínseco, derivado; más aún, debe buscarse también en el sujeto humano el punto de partida de la preocupación por otra vida y por las interrelaciones ecológicas en que vive.

La *obligación de cambio de sentido* de la inteligencia ecológica amplía, ante todo, la perspectiva del sujeto individual a las perspectivas de otros que se han visto afectados por una actuación u omisión, para así tomar en consideración sus puntos de vista, del mismo modo que el individuo también lo espera para sí mismo de los demás; de ahí el segundo imperativo ecológico: Actúa de forma que tomes en consideración las consecuencias de tu actuación en los demás, igual que tú mismo lo esperarías de ellos. La inclusión de los demás no sólo abarca a los individuos de las generaciones *vivas del presente*, sino también las *posibles* generaciones *del futuro*, cuyas posibilidades se abren o se cierran en el presente. Se concede a sujetos potenciales el derecho a construir una vida positiva libre y dueña de sí misma, del mismo modo que los sujetos actuales, a la inversa, hacen valer para sí las condiciones para su existencia creadas por otros en tiempos pasados.

La obligación de cambio de sentido de la inteligencia ecológica va mucho más allá de las perspectivas de los sujetos humanos e incluye otros puntos de vista que se discuten como la base de una ética ecológica. Con ello se rompe el autocentrismo del sujeto para, *de forma patocéntrica,* convertir el sufrimiento posible o real de los demás y de otros seres vivos en el centro de atención y, desde esa perspectiva, reflexionar sobre el propio comportamiento. En toda identificación con este sufrimiento (como Arthur Schopenhauer), según la perspectiva de la inteligencia, sin embargo, parece conveniente no soñar demasiado con la posibilidad de un mundo ideal, libre de sufrimiento que fuese sólo una variante del mundo libre de contradicciones, cuyos intentos de realización históricamente siempre finalizaban con un vehemente regreso de aquéllas.

Con la ayuda de la obligación de cambio de sentido se puede entender, por lo demás, el punto de vista *biocéntrico*, que toma en consideración la importancia de toda la vida orgánica y cultiva la atención a todo tipo de existencia, el profundo respeto por la vida (por ejemplo, Albert Schweitzer). Esto amplía el horizonte de la inteligencia a toda forma de manifestación de la vida a que se debe la existencia humana, cuyo perjuicio o destrucción recae consecuentemente sobre los propios hombres y cuestiona sus medios de vida, tan pronto como la vida orgánica pierde espacios vitales debido a las intervenciones humanas.

La obligación de cambio de sentido tiene su mayor alcance cuando se considera también la perspectiva *holística*, que tiene ante sí "el todo" (del griego το ὅλον), no sólo de la naturaleza animada, sino de los elementos inorgánicos del planeta en su interacción con el mundo orgánico (por ejemplo, James Lovelock). Así, la totalidad de las interrelaciones ecológicas halla eco en el cálculo de la inteligencia ecológica, pues se trata finalmente de esa totalidad cuya amenaza tiene consecuencias sensibles para el propio hombre, si bien, como sucede con frecuencia, no es necesario imaginarse que "el todo" es una integridad armónica y cerrada de la que los hombres deberían mantenerse alejados en calidad de "fallo" viviente. Este fallo también ocupa perfectamente su lugar en las interdependencias ecológicas y, con respecto a los fallos inducidos por el hombre, de todas formas, en caso de necesidad, "el todo" encuentra el modo de salir adelante sin el hombre.

Con este trasfondo, se trata por último de cumplir con la *prohibición de arrogancia* de la inteligencia también en el aspecto ecológico, pues es seguro que el planeta puede existir sin el hombre, pero por el momento el hombre no puede existir sin el planeta y su naturaleza animada e inanimada a efectos de conexiones ecológicas. De ahí surge el tercer imperativo ecológico para el arte de vivir reflexivo: Actúa de forma que nunca consideres las interrelaciones halladas sólo como medio para conseguir fines propios, sino también como fin en sí mismas. Sólo así, según la forma de relacionarse entre individuos, es posible quebrantar el egoísmo idiota y estrecho de miras que no asume que arruina las bases de las que él mismo vive; lo sustituye, si acaso, un egoísmo cuya variante inteligente y previsora en forma de antropocentrismo ilustrado tiene en perspectiva la firme conservación de las bases de la existencia humana y cuya preocupación supera al propio individuo a tal punto que también se puede prescindir aquí del término "egoísmo".

Ya que probablemente apenas habrá soluciones "absolutas" para los problemas ecológicos, y muchos de estos problemas no tienen su origen en las intervenciones humanas, sino en el alcance de las mismas, la inteligencia ecológica debe tratar de encontrar la *medida ideal,* inevitablemente relacionada con el sujeto humano y que ha sido establecida según la escala de la consecuencias que hay que calcular: ¿qué intervención en las interrelaciones existentes es justificable desde la perspectiva de las posibles repercusiones sobre la propia existencia humana, en qué condiciones y hasta qué punto? Con respecto a esta misma postura antropocéntrica, debe encontrarse la justa medida entre el exceso de supervaloración y el defecto de infravaloración del papel del hombre en las interrelaciones ecológicas. Por lo que respecta a la visión patocéntrica, la medida justa se encuentra entre el exceso de una compasión universal, que seguramente apenas es practicable, y un defecto de una fría impasibilidad ante la experiencia de sufrimiento en cuestión; toda provocación de sufrimiento, que parece inevitable, puede mantenerse en esa medida que la plausibilidad puede reclamar para sí. También la postura biocéntrica depende de la medida justa, pues si fuera seguida de forma consecuente, apenas sería compatible con la vida humana: ésta no podría permitir una alimentación exclusivamente vegetariana, la lucha contra agentes patógenos significaría también una dudosa destrucción de la vida, e incluso al mosquito tendría que dirigírsele una mirada comprensiva tras su picadura. La medida justa se encuentra entre la posición que valora "la vida" por encima de la existencia del hombre,[1] y la posición contraria, que supuestamente desprecia por completo formas de vida "inferiores". La estimación de la medida justa desde una perspectiva holística deriva a su vez de la postura antropocéntrica de observar hasta qué punto los cambios antropogénicos pueden repercutir en la propia existencia humana.

El buen criterio de la medida justa preserva al sujeto del arte de vivir tanto de la ignorancia ante problemas ecológicos como del activismo ciego que, motivado por actuaciones precipitadas, puede resultar tan problemático como la propia inobservancia de los problemas. La orientación en la medida justa impide un modo de actuación con consecuencias incalculables a más largo plazo, si bien todavía pueden apreciarse en el presente, como es el caso, por ejem-

---

[1] Así en Paul W. Taylor, *Respect for Nature. A theory of environmental ethics,* Princeton (N.J.), 1986, p. 115. Cf. ídem, *Die Ethik der Achtung gegenüber der Natur,* en: Angelika Krebs (ed.), *Naturethik,* Frankfurt del Meno, 1997; texto en inglés: *Environmental Ethics 3* (1981).

plo, del denominado "almacenamiento definitivo" de residuos atómicos, cuyos riesgos tendrán que sufrir las generaciones futuras en los próximos siglos y milenios. Es cierto que, de todas formas, hay que contar con riesgos y peligros generados sin intervención humana; pero potenciarlos de forma voluntaria en lugar de contenerlos supone un comportamiento sumamente imprudente. Por otra parte, la medida justa no puede ser establecida de forma general, depende más bien de ponderar en un caso concreto qué cargas ecológicas deben asumirse en aras de qué ventajas; en cada caso es decisiva la evaluación de cada situación especial, con unas coordenadas que no pueden cambiarse a voluntad. Hay que establecer prioridades con buen criterio y hacer claras las preferencias. Sin duda, se trata con ello de juicios evaluativos, pues establecer valores de forma adecuada no surge de repente de las propias cosas, y no hay ninguna necesidad forzosa que pudiese obligar a reconocer una determinada jerarquía de valores, sólo es necesaria la elección que hace el hombre basándose en su libertad: "Ser libre significa elegir lo que debemos querer, lo que debemos valorar y, consecuentemente, lo que debemos ser."[1] Para el arte de vivir reflexivo es decisivo comenzar a poner en práctica la inteligencia ecológica en el yo individual y su estilo de vida, a fin de ir extendiéndose en *círculos concéntricos* a partir de ese punto e intentar una "integración que

---

[1] Laurence H. Tribe, *Was spricht gegen Plastikbäume?*, en: Dieter Birnbacher (ed.), *Ökologie und Ethik*, Stuttgart, 1980, p. 35; texto en inglés en: ídem, *When Values Conflict*, Cambridge (Mass.), 1976.

sea cada vez más completa",[1] en cuyo transcurso aparezcan las diversas posibilidades de concepción de una vida ecológica.

[1] Cf. sobre esta manera de proceder, véase Hans Julius Schneider, *Ethisches Argumentieren*, en: Heiner Hastedt & Ekkehard Martens (ed.), *Ethik* , Reinbek, 1994; "Integration", p. 46.

EL ESTILO DE VIDA
DEL INDIVIDUO ECOLÓGICO

El estilo de vida ecológico no se refiere a aquella "vida de acuerdo con la naturaleza" tan frecuentemente evocada en la historia de la filosofía del arte de vivir, sino a una vida libre a la que el individuo da forma basándose en la inteligencia, tomando en consideración las interrelaciones ecológicas e integrándose él mismo en ellas, conforme a condiciones modernas y a otras diferentes. Los elementos de estilo elegidos por el sujeto del arte de vivir fundamentan la práctica de un proyecto de vida que a veces es rechazado como algo de segundo orden en los debates éticos, pero en realidad representa un fundamento ético y es una "razón existencial". Colocar en el centro el proyecto de vida garantiza encontrar con mayor facilidad el paso de la teoría a la práctica, ya que este paso no sólo requiere caminos y procedimientos complicados, sino que se encuentra en el ámbito de disposición del individuo correspondiente, y al final, el proyecto de vida es lo suficientemente flexible como para responder a diferentes exigencias con unos principios generales que apenas pueden ser calculados. La elección de la forma que ha de adoptar el proyecto de vida viene determinada por la preocupación del individuo por ocuparse de sí mismo y de las interrelaciones en que vive. Con el paso del tiempo, está en condiciones de cuajar en una forma de vida ecológica lo que al principio sólo se manifiesta como estilo de vida, y cuyos elementos de estilo quizá sólo se adoptan superficialmente. En cualquier caso, son diez los aspectos que pueden caracterizar un estilo de vida ecológico:

1. Para el estilo de vida ecológico es básica *la imagen de sí mismo ampliada,* que es característica del sujeto del arte de vivir y de su coherencia, y recibe impulsos decisivos a partir de la experiencia de la mirada desde el exterior. Guiado por esta imagen de sí mismo, el "individuo ecológico" se ejercita en mirar mucho más allá del entorno directo de su "medio ambiente" y en percibir la propia existencia en interrelaciones globales. Con su externalización, el individuo se salva de la inclusión en su mundo interior y se percibe a sí mismo con nuevos ojos desde fuera. La posibilidad de moverse entre perspectivas internas y externas promueve la reflexión, justifica un criterio suprapersonal y tiende el puente también a individuos, seres vivos y estructuras ecológicas muy lejanos, así como a individuos de generaciones futuras y sus condiciones de vida que ya están presentes en el campo de visión del individuo ecológico.

2. Vivir de forma ecológica significa llevar una *vida sensata* ante ese horizonte ampliado, hallar aquella medida que sea compatible ecológicamente en el manejo de recursos y técnicas, llevar a cabo actuaciones en

interrelaciones previamente existentes que puedan ser superadas y así evitar todo daño irreversible. En innumerables situaciones, esa responsabilidad sólo la tiene el individuo, que además participa eligiendo la forma de su proyecto de vida, con su voto implícito y explícito en la formación de una opinión general acerca de cómo se fija socialmente la medida común, con la que se instala –de forma vinculante o no– un valor indicativo para el modo de uso de recursos y técnicas al cual puede ser orientada la configuración de estructuras e instituciones sociales.

3. La *ascética* como concepción propia con la ayuda de técnicas subjetivas hace posible que el individuo ecológico adquiera dominio de sí mismo y haga efectivo un poder propio en el manejo de técnicas y tecnologías objetivas. Con ello, el dominio de sí mismo ascético ayuda a tener ascendencia sobre aquel poder que permanece inmóvil en el "control de la naturaleza" y que se ha reflejado en incalculables actuaciones técnicas en interrelaciones ecológicas; transmite poder sobre el poder de la técnica, a la que, de otro modo, el sujeto quedaría impotentemente sometido. El individuo ecológico no se ve guiado por la máxima de mantenerse totalmente alejado del uso de las tecnologías, pues con su dominio de sí mismo sostiene más bien un empleo exigente, reflexivo, moderado y calculado de las tecnologías, además de preferir emplear la pequeña tecnología descentralizada frente a las grandes tecnologías centralizadas, que requieren

largas vías de transporte y favorecen la formación de monopolios.

4. Para el desarrollo del estilo de vida ecológico es necesaria la *reflexión acerca de los propios hábitos,* pues la elección irreflexiva y el uso y consumo habitual de materias y cosas es ecológicamente relevante en muchos casos. Los hábitos establecidos se oponen a un estilo de vida ecológico mucho más que los poderes globales anónimos. Por eso se deben comprobar las consecuencias ecológicas de cada acto cotidiano, por insignificante que parezca; con ello se entra en contacto con las banalidades de la vida, injustamente rechazadas por resultar triviales. Para formar un estilo de vida ecológico no basta simplemente con saber que los cambios son necesarios, hace falta más bien poner en práctica de forma regular y constante hábitos y comportamientos modificados, que con la ayuda de la ascética se convierten en la "segunda naturaleza" del individuo.

5. El sujeto inteligente y práctico, promotor de cambios ecológicos, ya no es sólo un sujeto calculador en el aspecto económico, sino un individuo calculador en el aspecto ecológico, que efectúa la transición *del consumo al uso,* de la simple actitud consumista al estilo de vida elegido de forma consciente. Se aleja de la significativa definición del sujeto moderno como "consumidor" para, en su lugar, convertirse en "utilizador" de recursos y productos, de objetos y téc-

nicas diferentes al sujeto moderno. El uso respetuoso es el modo de relacionarse prudente y cuidadosamente con cosas y materias, mientras que con el consumo se asume su desgaste con tal de satisfacer una necesidad momentánea. Que la economía venga determinada por el mercado no impide a nadie practicar un estilo de vida ecológico del uso; precisamente los elementos de la economía de mercado se ocupan más bien del efecto retroactivo que tiene el estilo de vida elegido en los procedimientos económicos, de tal manera que el uso y la conducta conscientes de los utilizadores deben considerarse de antemano en el aspecto económico.

6. Cuando no es el consumo, sino el uso el que caracteriza el estilo de vida individual y social, volvemos a ser conscientes de los ciclos que fueron olvidados por una forma de pensar y actuar consumista y despreocupada. En un aspecto diferente, el estilo de vida ecológico se caracteriza por un *reciclado*, que dista mucho de referirse sólo al "reciclaje", la recirculación de objetos y materias en ciclos para utilizarlos de nuevo, sino que comprende también una nueva atención a los más diversos ciclos vitales. Conocer lo cíclico de las materias y elementos, ser consciente de que sus ciclos atraviesan al individuo, no deja igual al sujeto monádico moderno, sino que lo abre y lo convierte en un momento del movimiento circular: el reciclado del sujeto en sentido real. Para verse en una cultura espacial diferente a la moderna no hay que volver a

idealizar el conocimiento de los ciclos de la vida desde la religión, como en las culturas premodernas del espacio; dicho conocimiento se convierte por sí mismo en motor de ese reciclado del tiempo que lo cíclico reintroduce en la concepción del tiempo de la que había sido desbancada por el rayo temporal de la época moderna.

7. El reciclado es la aportación decisiva a un estilo de vida de la durabilidad y la *sostenibilidad (sustainability),* de la que se habla tan persistentemente en todo debate en torno a la ecología. Un estilo de vida sostenible quiere decir contemplar el estilo de vida individual en un horizonte temporal más amplio y, desde este aspecto, plantear la cuestión de si la vida puede ser aceptada. Esto actúa en contra de la disolución del horizonte temporal en el momento presente al que han sido acostumbrados los individuos a través de la promesa de la economía moderna de satisfacer todas las necesidades en el instante en que aparecen, de modo que parece absurdo mantener todavía un horizonte de lo venidero. Desligarse de ese olvido de lo venidero es el deseo de la búsqueda de un estilo de vida que, incluso en cosas pequeñas y mínimas que habitualmente parecen dignas de indiferencia, se concentra en la conservación sostenible de interrelaciones ecológicas y, con ello, de los medios que posibilitan la vida.

8. Una relación atenta y cuidadosa del individuo con el propio cuerpo hace de la *ecología del cuerpo* un com-

ponente fundamental del estilo de vida ecológico. El cuerpo, todo el organismo, es un ecosistema en sí mismo; la ecología de la biosfera en su totalidad y su exposición al peligro suceden asimismo dentro del cuerpo, pues los hombres no viven en el planeta como seres aislados, sino que practican sin cesar un intercambio de materias con él, lo respiran, lo beben, lo comen y lo desechan. Entre las sustancias cuyos ciclos recorren el cuerpo, se encuentran también las sustancias perjudiciales producidas por el propio hombre. "Si tenemos la intención de vivir de forma tan confiada con estas sustancias químicas –comerlas, beberlas e incluso absorberlas en la médula de nuestros huesos–, probablemente deberíamos saber algo acerca de su naturaleza y sus efectos."[1] Con la ecología del cuerpo podría volver a crearse una dietética del arte de vivir, y no para entregarse a una hipocondríaca doctrina de la salud, sino para estar atento a qué sustancias actúan en el cuerpo y de qué modo, y cómo hay que dosificarlas entre un exceso, que actúa como tóxico, y un defecto, que puede repercutir como una carencia que amenaza la vida. Esto sirve no sólo para sustancias producidas de forma artificial, sino también para sustancias provenientes de la naturaleza; incluso el oxígeno respirado por el hombre es "negativo" a la larga, es decir, mortal. "Pero

---

[1] Rachel Carson, *Der stumme Frühling*, *op. cit.*, p. 28.

no respirarlo conduce a la muerte de forma más rápida."[1]

9. El estilo de vida ecológico se caracteriza por un *disfrute de la vida*, cuya premisa es el despliegue total de los sentidos. El disfrute requiere simplemente algunos remansos de calma en el estrés provocado por él mismo, no requiere bienes de lujo en gran medida, pues disponer de ellos sólo graba en el individuo la impresión de estar lejos del verdadero disfrute de la vida, de no vivirla realmente, de "no sentirla". Quien tiene necesidad de malgastar recursos externos en exceso para disfrutar de los placeres, no tiene recursos internos. Pero el estilo de vida ecológico, el cual puede proporcionar un concepto de vida bella y positiva, muta a un argumento existencial que para algunas personas contiene más capacidad persuasiva que ciertos argumentos objetivos a la hora de cambiar la vida y planearla de forma ecológica. De la percepción y la reflexión de la enorme riqueza y variedad de las interrelaciones ecológicas resulta un disfrute propio exorbitante, tanto en la macro como en la microperspectiva; a su vez, ello motiva como compensación la preocupación por conservar la fuente de este disfrute.

10. Para el estilo de vida ecológico es básica, finalmente, la *serenidad,* que es un posible componente del arte de vivir reflexivo y que está dispuesta a renunciar al

---

[1] James Lovelock, *Das Gaia-Prinzip, op. cit.,* p. 220.

hacer, querer o concebir a favor de un dejar hacer, al menos de forma esporádica. El sujeto muestra un comportamiento sereno frente a la ecología exterior del mundo, así como frente a la suya propia interior, dejando espacio y tiempo a las relaciones vitales para encontrar su interacción por sí mismas e integrándose en ellas. Con la mirada desde el exterior es capaz de contemplar el propio lugar en un horizonte más amplio y, desde la distancia, dejarse tiempo para lo que parece esencial. La serenidad también se mantiene ante las muchas "crisis" que por buenas razones no quieren cesar, ya que son constitutivas para la vida, cuya constante es el cambio; serenidad precisamente frente a la crisis ecológica, pues aun cuando la existencia del hombre estuviese amenazada por ella, no hay nada que hable a favor de establecer la transformación ecológica de forma diferente a la que eligen libremente los individuos, a quienes nada ni nadie obliga a su "felicidad". Serenidad a modo de ultimátum: la existencia de la humanidad no es un fin absoluto en sí que justificaría el empleo de medios a voluntad.

El modo como puede concretarse el arte de vivir ecológico individual y social, en lo particular y lo general, se puede esbozar ahora partiendo del ámbito inmediato de experiencia del individuo. Las correspondientes reflexiones y los cambios prácticos desarrollados a finales del siglo XX como consecuencia del movimiento ecologista, en el futuro probablemente sólo serán de interés histórico-cultural, pero quizá no existirían estos tiempos si no se hubiesen ocupado de ellos en el momento oportuno, a menudo de forma trivial, aunque efectiva. El estilo de vida ecológico encuentra su realización, en primer término, en las relaciones cotidianas experimentadas en el lugar donde se vive, cuya concepción sigue correspondiendo al propio individuo.

LA CASA EN QUE VIVIMOS

El círculo más íntimo en que se mueve el individuo es "la casa", οἴκος, como indica la palabra, el lugar que habita el individuo y que hace suyo, en el que mejor se halla, cultiva sus costumbres y está familiarizado con todo, de modo que se puede sentir en su hogar. Todos los movimientos en el espacio y todas las actividades en el tiempo se pueden relacionar con este lugar del que parte y al que regresa el individuo. Toda casa, sea del tipo que sea, es el centro de un mundo y, a la vez, está completamente integrada en las estructuras ecológicas globales, como se puede reconocer en los raudales de energía, materias y productos que atraviesan la casa y sobre los que el individuo puede influir para gestionarlos de forma ecológicamente inteligente. Para ello se pueden tener en cuenta la sensibilidad individual, el conocimiento práctico de la experiencia, el conocimiento científico disponible y la capacidad técnica.

Por lo que respecta a la estructura básica de la casa, el problema ecológico central lo constituye el *abastecimiento de energía,* ya que el consumo de ésta contribuye de forma considerable a la emisión de contaminantes y, sin embargo, es imprescindible para la calefacción, la iluminación, el funcionamiento de los electrodomésticos, para preparar la comida y calentar las aguas sanitarias. Lo único que depende de una elección individual es el paso del consumo al uso de la energía, para así reducir considerablemente la *cantidad de energía* que se precisa, por ejemplo renunciando a la iluminación innecesaria, usando fuentes de iluminación y electrodomésticos de bajo consumo. Se puede minimizar el consumo energético en calefacción aislando las paredes exteriores con materiales como la arcilla, la lana de oveja, el lino, etcétera y colocando ventanas con aislante térmico. Lo que hace reducir el gasto energético, hace aumentar a su vez el beneficio ecológico. De similar importancia es la elección del *tipo de energía* según la pregunta de dónde-adónde: ¿de dónde viene la energía que es utilizada, qué consecuencias genera su consumo? La energía que proviene de la fisión nuclear acarrea riesgos incalculables por un período de tiempo muy largo. Si se obtiene de la combustión de fuentes de energía fósiles en centrales térmicas, se produce con ello una serie de contaminantes: la más nociva es la combustión de carbón y la menos, la energía que se obtiene del gas natural. La obtención de energía del gas natural es eficiente en la propia casa, la combustión de madera es neutra en dióxido de carbono: el que se libera en la combustión se vuelve a extraer de la atmósfera por medio del crecimiento de los árboles. Las energías limpias, renovables son alternativas atractivas: la energía hidráulica, la energía eólica, la geotermia, así como la energía solar y sus diversas variantes.

Energía solar significa, ante todo, el uso *pasivo* de dicha energía, que consiste en "colocar bajo el sol" una casa de nueva planta, de modo que se convierte en la "casa pasiva" mantenida con un mínimo de energía térmica: materiales de construcción específicos almacenan el calor solar que irradia en la casa a través de grandes ventanales en la cara orientada al astro, mientras que unas pequeñas ventanas en la cara alejada de éste impiden que se enfríe. Pero por energía solar entendemos sobre todo el uso *activo* de la energía solar, desde una doble perspectiva: en forma *termosolar* se ocupa de la obtención de calor con la ayuda de colectores solares que dependen de la irradiación solar directa y que sirven para calentar el agua y también para la calefacción. En forma *fotovoltaica* se usa para la producción de energía eléctrica con la ayuda de células solares relativamente independientes de la irradiación solar directa; la luz solar de la que se dispone a diario se transforma con ello en energía eléctrica, que puede ser utilizada directamente o ser almacenada en pilas y baterías. Los tejados y las fachadas orientadas al sol pueden ser recubiertos con módulos solares; es posible, además, aplicar un finísimo revestimiento fotovoltaico al cristal de la ventana. Las posibilidades técnicas de la energía solar se tomaron en consideración de forma creciente en la transición al siglo XXI, y no podríamos ni imaginar los avances que habrían podido tener lugar en el campo de la energía solar desde hace varias décadas si no se hubieran invertido sumas enormes de dinero en investigación, desarrollo y subvenciones para la evolución de la energía atómica. Hay que agradecer a la inventiva y la perseverancia de algunos que, sin embargo, a partir de los comienzos del siglo XXI la "casa de bajo consumo" con aislamiento térmico óptimo, así como con empleo pasivo y activo de la energía solar, se convirtiera en la construcción estándar en las sociedades ecológicamente avanzadas. Además, en la "casa de consumo cero" la energía eléctrica excedente "recolectada" en verano se emplea para la electrolisis del agua, y así, con el gas de hidrógeno obtenido en el proceso, se dispone de reservas de energía suficientes también en invierno. Incluso se puede hacer real la "casa de energía plus", en la que el excedente de energía generada por ella misma es introducido en la red general.

Junto con el abastecimiento energético, la estructura básica de la casa cuenta con el *abastecimiento de agua,* que habitualmente es considerado un problema menor en el norte del planeta, ya que parece disponer de ella en abundancia. De nuevo la pregunta de dónde-adónde tiene aquí una función crítica: ¿de dónde proviene el agua que usamos en casa para diferentes finalidades, cuáles son los posibles problemas que deja su extracción en el lugar de origen? ¿Con qué carga de contaminantes llega a la casa y cuáles le son aportados con el uso en la propia casa? ¿Hacia dónde va el agua gastada y qué consecuencias produce allí? Ayuda imaginarse que el agua que sale de la casa por un lado, fluye de nuevo hacia ella por el otro; de hecho, gracias al ciclo del agua, las cargas aportadas de algún modo vuelven a la casa. Con ello el problema se convierte en doble: el problema de la *cantidad de agua* que se consume y que, en las zonas densamente habitadas, amenaza con sobrecargar el ciclo del agua. En países económicamente desarrollados, no sólo el consumo industrial de agua es exorbitante, sino también el de los hogares. En casa se puede conseguir un uso consciente en lugar de un consumo inconsciente con la simple atención a algunas acciones ejecutadas de forma habitual. Una medida estructural es la separación de agua potable y agua sanitaria, así como la adquisición de agua sanitaria de un colector de agua de lluvia. El otro problema es la *calidad del agua,* a cuya mejora el individuo contribuye en el hogar simplemente renunciando a productos de limpieza químicos que pueden desembocar en el agua y evitando cualquier contaminación con restos de componentes químicos y basuras domésticas. Una simple elección del individuo es la que decide en cada caso acerca de la relación con productos, sustancias y materiales, con todas las consecuencias ecológicas que de ello resultan.

Esto también es válido para el *mobiliario y el equipamiento* de la casa. La pregunta de dónde-adónde tiene aquí la finalidad de aclarar de dónde provienen los objetos y los materiales con los que se trabaja en el hogar y de qué modo han sido fabricados, para que se consideren de antemano las condiciones de producción desde el punto de vista ecológico y no legitimen posteriormente un modo de producción dudoso por medio de una compra irreflexiva. Además, es importante qué repercusiones tiene el uso de los objetos y materiales en la ecología del cuerpo de aquellos que viven en la casa y, finalmente, cómo y dónde se "eliminan" los objetos y materiales consumidos, y qué consecuencias puede originar a su vez dicha eliminación. Por ejemplo, los criterios para la evaluación de muebles y aparatos con los que amueblar y equipar la casa son el consumo de recursos y de energía en su fabricación, la vida útil y la eficiencia energética en el uso, así como la posibilidad de reciclado en su eliminación. Mientras se ofrezcan productos competitivos en el mercado, los individuos que se deciden específicamente por determinados productos ejercen un poder de mercado ecológico desde abajo; el famoso frigorífico libre de CFC pudo imponerse de ese modo contra un poder de mercado dominante, cuyos representantes habían considerado imposible la fabricación de un aparato de este tipo durante muchos años.

La *gestión del hogar*, a su vez, gira en torno a la pregunta de cuáles son las interrelaciones ecológicas que tienen que ser consideradas en la compra de los objetos de la vida cotidiana para poder tomar una decisión acorde, por ejemplo respecto a productos alimenticios y cuestiones de *alimentación,* a través de la cual la ecología interior del cuerpo está estrechamente conectada con la exterior del mundo. El problema, sin embargo, no sólo consiste en que las cargas del aire, del agua, de la tierra se depositan inevitablemente en los productos alimenticios y son absorbidas por el cuerpo, sino que la elaboración industrial de los alimentos origina a menudo una carencia de nutrientes, vitaminas y minerales. Sustancias que incluso en pequeñas concentraciones son extraordinariamente perjudiciales, como el plomo, el mercurio, el cadmio y los elementos radiactivos, entran cada vez más en el cuerpo, a su vez se intenta compensar la carencia de nutrientes con productos alimenticios preparados y con preparados especiales que finalmente pueden provocar una sobredosificación igualmente problemática. Para proveer al cuerpo de los nutrientes necesarios es aconsejable prestar atención a los alimentos frescos que aún no han sido tratados, así como establecer una alimentación variada; los productos frescos de la región cuidan tanto la ecología interior como la exterior, ya que no se sigue impulsando el transporte de alimentos en largas distancias, que tanta energía y contaminantes cuesta. La ecología interior y la exterior convergen en la cuestión del consumo de carne, cuya limitación le ahorra al cuerpo un exceso de sustancias problemáticas como el colesterol y además tiene en cuenta la visión patocéntrica de no hacer sufrir a los animales en favor de la producción de carne. Sin embargo, también aquí es cosa del individuo tomar su propia decisión.

El otro problema de la gestión del hogar es la cuestión del *vestido*, que, incluso en sociedades concienciadas ecológicamente, ha sido visto con muy poca frecuencia desde aspectos ecológicos, a pesar de que se trata de un sector en el que las consecuencias de las condiciones de producción son de tanto interés para la relaciones ecológicas exteriores como las repercusiones del producto en la ecología del cuerpo. Las fibras químicas sintéticas de hechura tradicional que se basan en materias como el carbón, el petróleo o el gas natural, además de todos los efectos ecológicos colaterales de su fabricación, bloquean también la transpiración de la piel. La viscosa, que resulta más agradable, se fabrica a partir de fibra de celulosa, pero empleando mucha energía y mucha química, con lo cual desembocan en el agua sustancias difícilmente degradables. Fibras naturales aparentemente prioritarias, como el algodón, continúan siendo problemáticas mientras las plantaciones de algodón sean todavía rociadas con fertilizantes y pesticidas, como el DDT, prohibido desde hace mucho tiempo en los países industrializados, pero permitidos en países como la India o Egipto. El algodón, además, debería limpiarse de forma mecánica, sin aditivos químicos. Antes de realizar una compra se puede preguntar por tales condiciones de fabricación y elaboración, pues las especificaciones externas como "Algodón puro" no dicen nada al respecto. Como alternativa aparecen en primer plano otras fibras naturales como el cáñamo y el lino, la acreditada "pura lana virgen" (de oveja viva) y "pura lana" (de lana triturada y tratada). Por lo demás, en el sector textil en su conjunto todas las puertas están abiertas a la inventiva ecológica.

En las sociedades del bienestar material, la cuestión de los residuos se ha convertido en un problema prioritario de la gestión del hogar. El esfuerzo por *evitar residuos* en el propio hogar produce efectos retroactivos en la producción de objetos y materiales que ya no tienen salida, en vez de seguir contribuyendo al crecimiento de la montaña de residuos. Por ejemplo, la producción de aluminio, que se obtiene utilizando grandes cantidades de energía y liberando grandes cantidades de gases de efecto invernadero provenientes de la bauxita, podría reducirse de este modo. El muy ridiculizado sistema de "separación de basuras" sirve para el *aprovechamiento de residuos*; el esfuerzo por devolver metales, plásticos, papel, vidrio o desechos orgánicos a los circuitos de materiales, además de todas las repercusiones interrelacionales directas, no sólo refuerza la conciencia para las conexiones ecológicas, sino que también sustituye el gesto de desechar por la costumbre de reciclar. Mientras que estas concreciones del estilo de vida ecológico pertenecen sólo al círculo más estrecho, en cuyo ámbito el propio individuo puede ejercer influencia directa, la importancia del comportamiento individual en los círculos concéntricos más amplios es, por ahora, menos evidente.

LA CIUDAD Y LA REGIÓN EN QUE VIVIMOS

El arte de vivir en la ciudad no se limita a habitar un hogar en el sentido habitual, sino que abre al individuo la posibilidad de llevar una vida urbana, de participar en la vida ciudadana plural, contribuyendo él mismo a esa pluralidad. Sin embargo, las estructuras básicas de la ciudad pueden favorecer o impedir la posible experiencia de urbanidad. La estrecha coexistencia (*"Berliner Mischung"*: amalgama berlinesa) de viviendas, comercios, restaurantes, talleres artesanos, establecimientos de servicios, oficinas, espacios culturales hace que surjan con más probabilidad esas formas de sociabilidad en que se basa la experiencia de la ciudad como sociedad. Allí donde una determinada utilidad caracteriza a toda una parte de la ciudad no se desarrolla ninguna vida ciudadana.

De la particularidad de la forma de vida ciudadana resulta, por otro lado, su especial problemática ecológica: la fuerte *concentración* de vida en un espacio muy reducido, la enorme aglomeración de edificios y personas plantea el problema del abastecimiento de energía, agua, alimentos, productos de todo tipo y su "eliminación". La ya habitual pregunta de dónde-adónde se formula ahora en mayor grado. Las apremiantes cuestiones de tráfico van acompañadas de la amplia *fluctuación* de la vida en la ciudad: ¿qué vías se le deben abrir, qué espacios se deben ganar? ¿Qué medios de transporte deben estar disponibles, con qué tipo de energía deben ser impulsados, con qué consecuencias para el aire que todos tenemos que respirar?

A la vista de la magnitud de los problemas, el papel del individuo aislado parece insignificante. Y sin embargo, es el individuo quien puede interesarse por las condiciones y posibilidades de la vida en la ciudad y, ya con este interés, participar en la creación de la vida ciudadana. Por lo demás, con su simple presencia, con su comportamiento en general contribuye a esa vida. Con su elección política y quizá con su compromiso en grupos de interés, él mismo influye en la política de la ciudad y con ello también en el *proyecto ecológico de ésta*, que tiene como objetivo la "sostenibilidad", señalada como conveniente por la conferencia de las ciudades del mundo en 1996 en Estambul (Habitat II). Precisamente por la concentración y la fluctuación que la caracterizan, a la ciudad le corresponde un papel clave en toda la reestructuración ecológica: en ella se demuestra si es posible o imposible y en ella es donde más se percibe su necesidad, por ejemplo con respecto a la contaminación del aire, que a principios del siglo XXI en megalópolis como El Cairo, Calcuta, Hong Kong, Yakarta, Kuala Lumpur, México Distrito Federal, Río de Janeiro o Buenos Aires parece que ha alcanzado su cota máxima.

La *estructuración del espacio* es básica para la "reconstrucción ecológica de la ciudad", según la cual en la ciudad nunca se trata sólo de espacio privado, sino también de espacio público, que hace más por la ciudad que la suma de los mundos privados. En primer lugar, la ciudad se experimenta a sí misma en las estructuras espaciales; con su división se determinan las condiciones y posibilidades de la vida ciudadana. Con ello tienen que equilibrarse los intereses ecológicos y económicos, que establecerse prioridades políticas, como sucede con los planes de utilización y urbanización del suelo, cuyo proyecto de ejecución prevé además una "participación ciudadana", por la que cada uno puede articular sus intereses e ideas, su conocimiento de los problemas in situ y sus experiencias en relación con ellos. Con la estructuración del espacio de la ciudad se establece conjuntamente el trazado de las calles, la situación de la superficie urbanizable, la disposición de plazas y parques, la utilización y configuración de los espacios concretos, la proporción entre superficies construidas y superficies verdes. Desde un punto de vista ecológico, parece tener sentido no permitir que surjan barrios puramente residenciales, de trabajo o comerciales, así como dejar que se concentre la urbanización en las superficies adecuadas, puesto que de esto depende la demanda de tráfico: utilidades que se encuentran cercanas entre sí reducen el tráfico individual motorizado, una mayor concentración aprovecha mejor el sistema público de autobuses y trenes.

El problema estructural que más salta a la vista y con el que tiene que luchar cada ciudad es, de hecho, el *problema del tráfico*. La política de tráfico de la ciudad puede estructurar de forma previa las posibilidades que tienen los individuos de moverse en ella, y facilitar o dificultar la utilidad de determinadas vías, pero ante todo cada individuo concreto elige por sí mismo en cada momento el modo como recorre una distancia. La reflexiva elección individual puede estar inspirada por saber que el riesgo de accidentes es cien veces más alto en automóviles privados o por considerar lo cuestionable de nuestro comportamiento, al contribuir nosotros mismos a problemas como los atascos y la contaminación del aire, de los que constantemente nos quejamos. La calle vuelve a ser considerada como espacio público que no sólo es ocupado por los automovilistas, sino que pertenece a todos; se redescubre la importancia de la calle no sólo como lugar de tránsito, sino como de vida social. El potencial estructural de la política de la ciudad se encuentra en la organización del espacio, que está sometido a los diferentes usos de la calle: se pueden crear carriles bus y carriles bici, y ampliar la zona peatonal; el espacio para la venta callejera y las cafeterías con terraza, las filas de árboles en los márgenes crean un entorno en el cual detenerse se convierte en disfrute y, en vez de transitar a paso rápido, puede desarrollarse el arte del callejeo. Se pueden cortar al tráfico los estrechos centros de las ciudades, la gestión de aparcamientos puede contribuir a que se calculen mejor los trayectos en coche; la reducción del tráfico, que a menudo disminuye debido a iniciativas ciudadanas (colocación de obstáculos, plantas), hace posible que no tengamos que estar siempre temiendo por la vida de los niños.

El otro gran problema estructural de la ciudad, en parte consustancial al del tráfico, es el del *abastecimiento energé-*

tico. Probablemente las tecnologías ecológicas harán olvidar este problema algún día; pero mientras la energía para abastecer la ciudad y su tráfico se siga extrayendo de la combustión de fuentes de energía fósiles, este hecho tiene consecuencias tangibles inmediatas para los propios habitantes de la ciudad; por su parte, la ciudad contribuye al amenazante cambio climático con la correspondiente cantidad de emisión de dióxido de carbono. Con vistas a acelerar la transformación ecológica de la ciudad, está prevista una "alianza climática" en la que se han unido todos los países europeos. Para ello es indispensable la *urbanización solar,* cuya meta es ampliar el uso pasivo y activo de la energía del sol, de modo que pueda nacer una "ciudad solar" en lugar de una "ciudad fósil".[1] Con la reducción del consumo de energía, el aislamiento térmico y el uso pasivo de la energía solar puede minimizarse la necesidad energética de la ciudad, para finalmente ir sustituyéndola de forma creciente con la utilización de térmica solar y fotovoltaica. Junto al autoabastecimiento descentralizado de muchas casas, las empresas suministradoras de energía eléctrica pueden arrendar las superficies utilizables e instalar equipos solares a fin de generar electricidad para la red pública. En cooperación con expertos sobre el clima, ingenieros especializados en

---

[1] Carl-Jochen Winter, *Die Energie der Zukunft heißt Sonnenenergie,* Múnich, 1993, p. 31. Vittorio Magnazo Lampugnani aboga por una arquitectura ecológica de la "durabilidad" y por "otra época moderna" así entendida, *Die Modernität des Dauerhaften. Essays zu Stadt, Architektur und Design,* Berlín, 1995. Cf. *Sophia y Stefan Behling, Die Evolution der solaren Architektur,* prólogo de Sir Norman Foster, Múnich/Nueva York, 1996.

calefacción, urbanistas y paisajistas, los arquitectos pueden proyectar edificios en los que se toman en consideración en igual medida las emisiones previstas, las condiciones del viento, la influencia en el microclima de las zonas verdes y de agua, el sellado de superficies, la proporción de árboles, la orientación y el equipamiento técnico de las viviendas para la utilización de la energía solar o el empleo de materiales de construcción ecológicos. Los elevados costes de la inversión se amortizan a largo plazo con el ahorro en gastos de producción. Ya no habrá "luz del sol inútil", como muestran todavía los cuadros de Edward Hopper, que son un documento de aquella época moderna en la cual la función del sol se reducía al bronceado ocasional de los cuerpos en la sociedad del bienestar.

La ciudad como un todo tiene, además, muchas razones para dedicar más atención a la *región,* pues vive de ella desde un punto de vista ecológico: de ella recibe aire fresco, agua, alimentos, y también en ella podemos encontrar un espacio para el descanso, a la vez que allí transportamos sustancias perjudiciales y basuras. Mientras que la vida en la ciudad tiene que contar con la escasez de espacio y por eso es evadible en el tiempo (que por su parte cada vez se divide en intervalos más cortos, de modo que finalmente acaba siendo tan escaso como el espacio), la región, sin embargo, se define estructuralmente a través de la profusa *amplitud del espacio*, que se corresponde con un tiempo infinito que da vueltas de forma cíclica alrededor de sí mismo. La amplitud del espacio, igual que, a la inversa, su concentración, puede traer consigo consecuencias ecológicas desfavorables, puesto que hace casi inevitable la motorización individual cuando la densidad de población no es suficiente para un sistema público de comunicaciones bien desarrollado. Sin embargo, los propios habitantes de la región no son responsables de la mayor parte de los problemas ecológicos: las precipitaciones lavan las sustancias perjudiciales que trae el viento, la "lluvia ácida" arrastra sustancias importantes del suelo para el crecimiento de las plantas como el potasio, calcio, magnesio y deposita en su lugar otras dañinas que al final vuelven a encontrarse en la cadena alimentaria.

Si se reduce la combustión de fuentes de energía fósiles, a la región le corresponde una importancia decisiva en la *obtención de energía alternativa* que no sólo sirve para el autoabastecimiento, sino que puede convertirse en un factor de la fuerza económica regional. La nueva imagen de la región la caracterizan las instalaciones para la utilización de la energía eólica, junto con la energía que se recoge con la ayuda de paneles solares y de la obtención de energía de la fuerza del agua, practicada desde hace mucho tiempo. Los aerogeneradores, junto con los módulos solares, se convierten en símbolo de la otra época moderna, de igual forma que la época premoderna encontró una vez su símbolo en los molinos de viento que tenían menos pretensiones técnicas, eran indestructibles y fueron cuidados con nostalgia hasta bien entrada la modernidad. En vista del potencial que encierra en sí, es sorprendente que esta sencilla forma de obtener energía fuera completamente olvidada a lo largo del siglo XX; su potencial es lo suficientemente grande como para contribuir con una parte al cóctel de energías del siglo XXI. La instalación de equipos de energía solar y eólica tiene además la ventaja de que no son sólo los gobiernos ni los gestores de las grandes empresas energéticas los que tienen que tomar una decisión al respecto: individuos aislados, pequeñas sociedades de intereses o comunidades pueden emprender esa iniciativa.

En la transformación de la agricultura hacia una *cultura agraria ecológica* la producción de biomasa puede desempeñar un papel básico en la obtención de energía. Así, se impone el cultivo de "plantas energéticas" como el ramio, la colza o el mijo, de las que se puede obtener aceite y gas. La energía térmica y la eléctrica se generan con la combustión de madera, paja y cañas en plantas de coogeneración eléctrica y térmica, así como con el aprovechamiento de estiércol líquido, residuos orgánicos y desechos en instalaciones de biogás. El gas metano, especialmente inquietante desde un punto de vista ecológico, ese gas que escapa a la atmósfera en procesos de putrefacción, se convierte en inofensivo a través de su combustión y es utilizado a su vez como suministrador de energía. La plantación de biomasa, entretanto, no sólo sirve para obtener energía, sino que, por ejemplo, en el caso del cáñamo, sirve también para fabricar fibras textiles naturales y otros muchos productos. La prioridad fundamental debe ser, en cualquier caso, recuperar una respetuosa relación con los suelos, agotados por los monocultivos y contaminados por una fertilización excesiva y el uso de pesticidas. Que a principios del siglo XXI, no obstante, la agricultura ecológica sólo sea practicada por una mínima parte de agricultores no frustra en modo alguno las esperanzas sobre una nueva orientación. Una nueva orientación que depende de la demanda de productos de cultivo ecológico controlado, y ésta a su vez de la selectiva elección realizada por los "usuarios", así como de su disponibilidad a aceptar precios más altos para los productos, cuya producción hace necesario el aumento de mano de obra y no agota la rentabilidad de los suelos a discreción, de modo que los beneficios caen mínimamente.

Además de la agricultura, el bosque caracteriza la región, que como "bosque natural" debe su cultivo a la *explotación forestal ecológica*, pues el puro "bosque explotable" que no toma en consideración las conexiones internas del ecosistema bosque ha demostrado ser altamente propenso a daños que también merman de manera sensible su beneficio económico. Pero los responsables del bosque no son sólo las comunidades correspondientes y el Estado, sino también los propietarios individuales y, por ende, cada individuo que busca descanso allí o sólo lo percibe de lejos. Posiblemente él mismo, sin rendir cuentas sobre su propio papel en apariencia insignificante, contribuye a aquellos problemas ecológicos generales que salen a la luz en la muerte de los bosques, provocada por el ozono a nivel del suelo, la lluvia ácida, los efectos del dióxido de azufre o la sobrecarga de los suelos. En lugar de dañar la ecología del bosque y continuar diezmando sin cesar su superficie total, sería importante destinar nuevas superficies a la reforestación, para considerar el hecho de que los bosques puedan volver a neutralizar en cantidades considerables el dióxido de carbono liberado en exceso. Cada árbol resulta valioso para ello, y, no sólo por ese motivo, artistas como Ben Wargin en Berlín se han dedicado plenamente a un "arte de los árboles", cuya expresión visible son acciones de plantado de árboles. Más allá de iniciativas individuales, es necesaria, no obstante, una nueva orientación ecológica de toda la sociedad, de la que sólo puede resultar una transformación de las relaciones a gran escala.

LA SOCIEDAD DE LA QUE
SOMOS CIUDADANOS

Cuando la actitud, el comportamiento y la elección del individuo con respecto al hogar, la ciudad y la región se convierten cada vez más en el centro de atención, no es para esperar que las acciones individuales lo resuelvan todo, sino para oponerse a la opinión generalizada de que un solo individuo no puede hacer "nada en absoluto". En primer lugar, el nivel del *proyecto de vida individual* tiene que ver más bien con la cuestión de una transformación ecológica, desarrollando especialmente muchas maniobras triviales y estrategias aplicadas a más largo plazo por medio de las cuales se puede proyectar la vida cotidiana de forma ecológica. Más allá de esto, en el nivel de las *reglamentaciones generales,* se trata sin embargo de formas y normas para toda la sociedad, que, por su parte, además, no se llevan a cabo directa o indirectamente sin la elección de los individuos y los mecanismos de la propia legislación social. Las formas de vida gestionadas por convenciones sociales sólo cobran naturaleza cuando son aceptadas y aplicadas por los individuos; de igual modo, las normas y reglamentaciones sociales que deben ser vinculantes para toda la sociedad dependen de la legitimación a través del proceso democrático de su puesta en práctica y de la aceptación de los individuos.

El concepto central de las formas y normas sociales podría ser el de una *sociedad* social y *ecológica,* como la que se formuló por primera vez en 1994 en los Países Bajos ("Unos Países Bajos sostenibles") y se puso en marcha en 1996 en Suecia ("Una Economía acorde con el Medio Ambiente"). Sin embargo, en otros países el camino es más arduo, a pesar de que no faltan ideas.[1] La base de una imagen social de sí misma así redefinida podría ser una ciudadanía que entiende de ecología y que se distingue por un sentimiento ciudadano ampliado en el espacio y el tiempo. La conciencia del ciudadano ecológico no se detiene en las fronteras espaciales de la propia sociedad, ya que las interrelaciones ecológicas llegan mucho más allá y, a fin de cuentas, la solución de problemas ecológicos solamente puede tener lugar fuera de esas fronteras. Por lo demás, la sociedad ecológica le reconoce derecho no sólo a aquellos que actualmente son sus ciudadanos, sino también a las generaciones futuras que están por nacer, igual que, por otro lado, forman parte de ella las generaciones pasadas, cuya labor tiene que agradecer la sociedad actual en todos los aspectos. El objetivo de la sociedad ecológica es ocuparse de las condiciones de vida aplicadas de forma lo bastante sostenible para que no sean éstas las que socaven las bases vitales de la sociedad.

---

[1] Ernst Ulrich von Weizsäcker (ed.), *Umweltstandort Deutschland. Argumente gegen die ökologische Phantasielosigkeit*, Berlín, 1994. Reinhard Loske *et al., Zukunftsfähiges Deutschland. Ein Beitrag zu einer globalen nachhaltigen Entwicklung*, Basel, 1996. *Umweltbundesamt,* Ministerio de Medio Ambiente (ed.), *Nachhaltiges Deutschland. Wege zu einer dauerhaften umweltgerechten Entwicklung,* Berlín, 1997. *Zukunftsfähiges Deutschland in einer globalisierten Welt,* Frankfurt del Meno, 2008.

Sin duda, las *cuestiones de poder,* más que las cuestiones objetivas, desempeñan un papel central en la realización de un concepto de este tipo; aquellos que se preocupan por una sociedad ecológica representan sólo un grupo de interés entre tantos otros, aun cuando pueden rebatir la discusión con el argumento de que un comportamiento ecológicamente inteligente trae consigo una utilidad general que preserva las bases vitales de todos, mientras que las ventajas a corto plazo de un comportamiento ecológicamente ignorante tendremos que pagarlas todos a lo largo de nuestra existencia. Una acción individual en este juego de poder es la participación en la elección del rumbo político, así como el compromiso propio en representaciones de intereses ecológicos y en determinados partidos. Para fomentar la realización de una política ecológica a nivel legislativo y ejecutivo, quizá no se requiera ya una mayoría social y parlamentaria, sino únicamente una minoría sin la que no se puede gobernar.

Una parte considerable de las cuestiones de poder tiene que ver con los conflictos entre *intereses económicos* y ecológicos. Pero también aquí los individuos son un factor de poder a causa de su propia influencia y su política del arte de vivir. Puesto que ellos mismos deciden sobre el estilo de vida que prefieren y los productos que necesitan para ello, representan no sólo un poder ecológico, sino también económico. La correa de transmisión para la transformación ecológica de la sociedad es el comportamiento económico de los individuos, cuya elección influye en la evolución de la demanda de determinados productos, a lo que los proveedores, a su vez, reaccionan sensiblemente en un mercado funcional, pues se trata de cuotas de mercado y perspectivas de beneficios. Si bien los proveedores, por su parte, intentan ejercer influencia en la evolución de la demanda, no obstante está de nuevo en el poder de los individuos acceder a esta pretensión. Por el bien de la ecología, en la economía de mercado la palanca de las relaciones de poder puede ser activada desde abajo, siempre que no haya ninguna autocracia de monopolios, que sólo se podría romper por medio de una reacción global en contra.

El papel decisivo en el juego del poder le corresponde a la *opinión pública crítica,* cuyo foro son los medios de comunicación nuevos y tradicionales. Su poder va mucho más allá del simple poder individual, pues en este espacio público se transmiten informaciones, se expresan opiniones, se debate y se dan argumentos con cuya ayuda muchos individuos forman su propio juicio y realizan una elección. Cuanto más plausibles sean los argumentos, más contundente será su efecto en la constelación de poder existente. El papel de la opinión pública crítica ha resultado ser tan fundamental en el descubrimiento y la solución de problemas ecológicos, que probablemente apenas sería imaginable una transformación ecológica sin ella. Pero detrás de la espectacular fachada externa, los medios de la opinión pública son llevados por individuos que realizan su trabajo de forma comprometida y además sienten que se deben a la ética periodística; a su vez, su trabajo lo hacen posible aquellos individuos que componen el público interesado, sin el que no existiría opinión pública crítica.

En la opinión pública se discute si se debe llevar a cabo la transformación ecológica de la sociedad y de qué manera. Así, pueden considerarse propuestas, por ejemplo, las que se formulan en el debate especializado sobre una ética ecológica, que sin embargo ahora habría que transformar en reglamentaciones generales. Una propuesta que cuenta con muchas posibilidades prevé, por ejemplo, *derechos para las generaciones futuras, para animales y plantas*; concederles el estatus de sujetos de derecho cumpliría la función de fijar más fuertemente en la conciencia general e individual el respeto por la vida humana futura, así como por toda la vida no humana, que tiene una importancia existencial para las bases vitales de la humanidad.[1] Antes no debería aclararse si las futuras generaciones que sólo existen potencialmente y "la naturaleza" pueden reclamar realmente este estatus, pues la sociedad podría elegir proceder *como si* esto fuera posible. Las pretensiones legales podrían hacerse valer en los tribunales a través de asociaciones medioambientales, abogados y un fiscal medioambiental, quienes presentarían demandas en nombre de árboles, bosques, especies animales amenazadas o generaciones futuras. Sólo así sería posible fijar un concepto de justicia ecológica en la conciencia de justicia general: cuando la violación de interco-

---

[1] Joel Feinberg, *Die Rechte der Tiere und zukünftiger Generationen* (1974), en: Dieter Birnbacher (ed.), *Ökologie und Ethik*, Stuttgart, 1980. Christopher D. Stone, *Umwelt vor Gericht*, Múnich, 1989. Klaus Bosselmann, *Im Namen der Natur. Der Weg zum ökologischen Rechtsstaat*, Berna, 1992. Julian Nida-Rümelin & Dietmar von der Pfordten (ed.), *Ökologische Ethik und Rechtstheorie*, Baden-Baden, 1995. Jörg Weber, *Die Erde ist nicht Untertan. Grundrechte der Natur*, Múnich, 1996.

nexiones ecológicas trajera consigo consecuencias jurídicas perceptibles y no volviera a recaer en la indiferencia.

Otra posibilidad de concienciar acerca de las interdependencias ecológicas que no se pueden percibir de forma directa consiste en hacerlas perceptibles económicamente. Esto es posible hacerlo en lo tocante al factor ecológico con *la formación de precios*, partiendo del reconocimiento de que los precios de muchos productos no dicen la "verdad ecológica" acerca de las cargas que conllevan la fabricación, el transporte y el consumo y del daño económico general que se origina con ello, que debe ser pagado por la sociedad y por cada uno de nosotros.[1] Así se pone precio a los bienes ecológicos casi nunca valorados económicamente, cuya disponibilidad siempre se ha dado por sentada, y de este modo hablan el idioma que mejor se entiende en una sociedad dirigida por la economía de mercado. La influencia política en la formación de precios ahorra controles administrativos intensivos de la transformación de las normas ecológicas y podría ser desigualmente más eficaz que la cuestionable política del valor límite. La influencia en los precios se realiza con el aumento de un *impuesto energético*, que grava con costes más altos perseverar en el uso de energías ecológicamente problemáticas. La posibilidad de calcular su aumento y la subida regular por un largo período induce a productores y a consumidores a llevar a cabo un cambio estructural hacia una creciente eficiencia energé-

---

[1] Ernst Ulrich von Weizsäcker, *Erdpolitik,* Darmstadt, ⁵1997. La idea se remonta a Arthur Pigou, *The Economics of Welfare,* Londres, 1920.

tica y hacia la reconversión a energías alternativas (efecto de control ecológico). Se incita a los mecanismos del propio mercado hacia la transformación ecológica de la sociedad y la economía: trabajo, capital, técnicas e innovaciones se desplazan, del lado del comportamiento ecológicamente ignorante y del ahorro, al lado contrario, porque sale rentable. La intervención estatal se limita a fijar el marco de acción, en lugar de querer determinar las acciones una por una, algo de todos modos inútil; una bajada simultánea de otros impuestos evita un incremento de la carga fiscal total.

Además, tendría sentido medir la actividad económica de la sociedad no sólo por medio del producto nacional bruto, sino también con la ayuda de un *producto nacional ecológico,* que podría incluir reducciones y mejoras de la calidad del aire, el agua y el suelo, por ejemplo. El bienestar ya no solamente se calcula por la curva de temperatura de la economía convencional, los puntos porcentuales del "crecimiento económico" anunciados de modo ritual todos los años, sino por la evolución de los bienes ecológicos de los que pueden disfrutar los ciudadanos de la sociedad actual y futura. Este *bienestar ecológico* ya no es un bienestar del despilfarro que carga a las generaciones venideras con los costes de un crecimiento desenfrenado. Con ello cambia por sí mismo lo que se entiende por "economía": puesto que toda la energía con que funciona y todas las materias con que trabaja las recibe de la biosfera, no puede tener validez como sistema autárquico, sino únicamente como un subsistema de los ecosistemas. Puede ser que la ecología a veces se oponga a la economía, pero representa sobre todo su base irrenunciable, pues ¿con qué si no se podría administrar si ya no se pudiese respirar el aire y se quebraran las interrelaciones ecológicas? Pero puede surgir una *economía ecológica* si "no se abusa de la capacidad de regeneración ni de la capacidad de absorción del medio ambiente".[1] Del capital de esta forma de economía transformada no sólo forma parte el dinero obtenido por el hombre, sino el capital proporcionado por la naturaleza de la ecología; la exigencia "de mantener intacto el capital" sirve, entonces, para ambos tipos.

La forma de economía sostenible se basa en el modelo de la *economía de reciclado* que no malgasta recursos y respeta los ciclos ecológicos que no pueden ser vulnerados sin que haya castigo. La nueva orientación económica depende en efecto de si existe a nivel empresarial la disposición de respetar las interrelaciones ecológicas internas y externas, de modo que cada empresa no se considere ya sólo parte del sistema económico, sino también de los ecosistemas. Esto encuentra su expresión en la pregunta de dónde-adónde, formulada para todo el *ciclo de vida ecológico del producto*. Se cierran los ciclos para las sustancias y materiales utilizados en la producción; ya durante la fabricación de productos se tiene en cuenta también su posible reutilización. Los motivos decisivos para una transformación de este tipo de la propia imagen empresarial pueden ser di-

---

[1] Herman E. Daily, *Ökologische Ökonomie. Konzepte, Fragen, Folgerungen*, en: *Jahrbuch Ökologie* 1995, Múnich, 1994, p. 147. Cf. Holger Rogall, *Ökologische Ökonomie. Eine Einführung,* Wiesbaden, 2008.

versos: la percepción de la responsabilidad ecológica, la aplicación de prescripciones legales, el esperado abaratamiento de costes, los amenazantes costes de saneamiento, el cambio de expectativas de los propios trabajadores, el potencial de innovación, las valoraciones de los productos en institutos de pruebas y certificación. Y, sin duda alguna, también está en juego la "imagen", que tiene repercusiones mensurables en la evolución de la demanda. Las empresas que llevan a cabo una reestructuración ecológica y –según un ordenamiento de la Unión Europea de 1993– se dejan inspeccionar por consultores medioambientales independientes ("Auditoría Ecológica"), pueden reforzar sus relaciones públicas gracias al certificado obtenido. De este modo, en la gestión empresarial, a la económica se le agrega la *eficiencia ecológica*, que no sólo se aplica a corto plazo (operativa), sino también a largo plazo (estratégica) y hace referencia tanto a las condiciones internas de la fabricación de un producto, como a la "vida externa del producto".

A la *industria del automóvil* le corresponde un papel especial en la transformación ecológica de la sociedad y la economía, y ello por diversos motivos. El automóvil, mientras sigue siendo accionado por energías fósiles, es un punto central de la problemática ecológica; además, determina la experiencia cotidiana de muchas personas en tal grado, que con su transformación ecológica se da el paso decisivo para la reestructuración de la vida cotidiana; y, finalmente, la industria del automóvil es un factor económico tan importante, que con su compatibilidad medioambiental se recorrería un trayecto considerable para la transformación de la economía. Se pone en marcha el *automóvil ecológico* del siglo XXI con una serie de novedades tecnológicas: el montaje en serie de catalizadores reduce la emisión de contaminantes (óxido nítrico, hidrocarburos, monóxido de carbono), pero no evita la liberación de dióxido de carbono. Los nuevos motores de gasolina con inyección directa ("motor de mezcla pobre") reducen el consumo de carburante. Esta técnica comenzó a emplearse en 1898, como muchas otras alternativas técnicas, aunque fue durante mucho tiempo pasto del olvido. Otra nueva evolución suponen los automóviles eléctricos, que, de hecho, sólo se pueden accionar de forma ecológica si sus baterías son recargadas con electricidad proveniente de fuentes de energía renovables; en caso contrario, su única ventaja consiste en que evitan cargar con contaminantes el entorno más próximo.

Desde 1996 también se fabrican *automóviles con gas natural* en serie que contribuyen sustancialmente a la reducción de contaminantes, ya que si bien el gas natural es una fuente de energía fósil, el metano, su componente principal, presenta una unión rica en hidrógeno que produce una combustión poco contaminante. Además del nuevo depósito de gas natural, estos automóviles cuentan con un depósito de gasolina convencional para poder solventar problemas de abastecimiento, mientras se va estructurando una red de estaciones de servicio de gas natural. Por lo que respecta a las oportunidades de mercado de los automóviles ecológicos, no sólo se decide al respecto a nivel de reglamentaciones generales que sientan las bases necesarias, sino sobre todo a nivel del proyecto de vida individual. Es el individuo quien, con la elección de su estilo de vida, también determina qué medio de transporte prefiere usar al considerar de antemano todos los costes (precio de compra, impuesto de circulación, gastos en combustible, coste de seguro y reparación, aunque no están incluidos los costes ecológicos, difíciles de cifrar). Sin duda, el automóvil resulta más caro si se lo compara con los medios de transporte públicos. Si, no obstante, se elige el uso de un automóvil, es únicamente el individuo quien decide sobre la compra de un modelo determinado y sobre la forma de utilización en la vida diaria, y el mercado evoluciona dependiendo de cómo resulten esas decisiones. Nuevamente, con reglamentaciones generales, como por ejemplo el ajuste del impuesto de circulación de un modelo con respecto al consumo de carburante se puede estimular la preferencia por automóviles de consumo reducido; un límite de velocidad general podría fomentar el consumo ahorrativo de forma adicional.

Sin embargo, la innovación tecnológica decisiva se verá en el paso del automóvil con gas natural al *automóvil con hidrógeno,* cuyos prototipos están probándose en Alemania desde 1979 y están preparados para ser introducidos en el mercado a principios del siglo XXI. De forma similar al automóvil eléctrico, depende del modo de obtención de la fuente de energía secundaria, el hidrógeno, pues primero hay que invertir en energía primaria para descomponer la sustancia de la que se parte, el agua, en sus componentes hidrógeno y oxígeno por medio de la electrolisis. Se pueden emplear instalaciones solares, centrales hidroeléctricas y eólicas para producir hidrógeno que se transporta en forma de gas o líquido a su lugar de destino y que se reposta como la gasolina en las estaciones de servicio, para finalmente volver a "quemar" y obtener agua libre de residuos (sin liberación de ningún tipo de contaminantes). Una innovación paralela son las *células de combustible*, con las que se obtiene calor y energía eléctrica a partir del hidrógeno en combustión fría sin llamas, con pocos ruidos y sin sacudidas bruscas. Tras la máquina de vapor accionada por la combustión de carbón, y los motores de gasolina que se basan en la combustión de petróleo, ésta es la tercera generación de motores en la historia que, además de desvincularse de los recursos energéticos fósiles, supone el adiós a la técnica moderna basada en recursos fósiles y se convierte tecnológicamente en el símbolo de una nueva época.

Las grandes esperanzas en un futuro ecológico se apoyan en la tecnología basada en el hidrógeno y las células de combustible, y no sólo con respecto a la industria automovilística, sino a toda una *economía del hidrógeno*. El cambio alberga un potencial inversor de dimensiones fantásticas y, ciertamente, no puede realizarse para este fin específico. "Pero el conjunto de ideas sobre una economía de energía solar basada en hidrógeno tiene fundamentos sólidos, las herramientas y los componentes tecnológicos para su construcción están aquí."[1] La tecnología basada en hidrógeno se integra en los ciclos naturales existentes; los posibles ries-

[1] Carl-Jochen Winter, *Die Energie der Zukunft heißt Sonnenenergie*, Múnich, 1995, pp. 89 s. Véase ídem y Joachim Nitsch (ed.), *Wasserstoff als Energieträger*, Berlín, 2008. Sven Geitmann, *Wasserstoff & Brennstoffzellen*, Oberkrämer, 2006. Thorsteinn Sigfusson, Planet Hydrogen, Longborough, 2008. La idea se remonta a Eduard W. Justi, *Leistungsmechanismus und Energieumwandlung in Festkörpern*,

gos de accidente mediante su uso son mitigados con construcciones que, comparadas con el manejo de energías fósiles, ofrecen mayor seguridad. Un problema sigue siendo, sin embargo, la cantidad de energía requerida para la obtención de hidrógeno libre de contaminantes. Por eso, igual que ya se proyecta en el uso de energías habituales, no hay ninguna vía que pase por una *economía de bajo consumo energético*, tanto para la energía de inversión en el sector de la industria de producción, como para la energía de consumo en el sector de la industria de servicios, el tráfico y los hogares privados. Mientras que no pueda ser satisfecha en el propio país, la demanda pendiente tiene que seguir siendo cubierta con la importación; con ello se pone de relieve la importancia del hidrógeno como fuente de energía, no sólo para una u otra sociedad, sino para la sociedad mundial en su conjunto.

Gotinga, 1965. Véase también el mismo & John O'Mara Bockris, *Wasserstoff, die Energie für alle Zeiten*, Múnich, 1980.

LA SOCIEDAD MUNDIAL
A LA QUE PERTENECEMOS

El proceso de industrialización de la época moderna y el bienestar material con él obtenido se basaban en la posibilidad de explotación de fuentes de energía fósiles. Esto favorecía a países que "poseían" carbón, petróleo o gas natural; o bien se aprovechaban de los yacimientos de otros países con una selectiva política de intereses. Sobre esta base, a lo largo de la época moderna se desarrolló una *sociedad planetaria de la quinta parte*, de manera que a principios del siglo XXI una quinta parte de la humanidad dispone del bienestar material del que tienen que prescindir cuatro quintas; a la vez esta quinta parte ocasiona también cuatro de cada cinco problemas ecológicos globales con que tiene que convivir el "resto de la humanidad", sin ser responsable de ellos. Tanto la problemática de los CFC como la del dióxido de carbono se apuntan casi por completo en la cuenta de los países industrializados, y sólo les va a la zaga el vertiginoso desarrollo económico de los "países emergentes" y del "tigre asiático", un desarrollo totalmente despreocupado por factores ecológicos. Hoy en día es cada vez más extremo el abismo entre una clase planetaria alta, o sea, los habitantes de los países ricos, y una clase planetaria baja, formada por los habitantes de los países más pobres, que son mucho más numerosos y cuyo llamamiento a favor de una sociedad mundial más justa no debemos pasar por alto. La opinión pública planetaria en ciernes, a la que contribuyen sustancialmente los sistemas de comunicación asistidos por satélite, nos hace más conscientes de estas relaciones en el globo terráqueo.

Un cambio de las relaciones podría ir acompañado de la difusión de formas de energía renovables. Sobre todo, el aprovechamiento de energía solar conlleva oportunidades para todos los países que nunca dispusieron de recursos fósiles y están altamente endeudados porque se ven obligados a importar energía. Justo en los países del Sur hay energía solar disponible en abundancia y la ayuda al desarrollo más efectiva de los países del Norte podría consistir en facilitar la tecnología necesaria para su aprovechamiento. Las instalaciones solares podrían suministrar, por ejemplo, la energía para bombas de agua, pero también para instalaciones de producción industrial del Tercer Mundo. Con la aparición de una *era solar planetaria* podría cumplirse lo que ya en 1987 postulaba como objetivo de un futuro común el denominado Informe Brundtland, tras varios años de discusiones entre países industrializados y países en vías de desarrollo: un "desarrollo sostenible" (*sustainable development*), en tanto el "desarrollo" era el deseo del Sur y la "sostenibilidad" la petición del entretanto asustado Norte. Probablemente una mejor disponibilidad de energía afecte también a un crecimiento de la población, que, desde el punto de vista del Norte, a menudo pasa por ser el problema más urgente del planeta. Esa suposición se basa en la observación de que la tasa de natalidad de una sociedad parece estar en relación inversamente proporcional con la disponibilidad de energía, y ello por razones obvias: "Donde no se puede comprar energía y no se pueden emplear conversores técnicos que ahorren mano de obra humana, los miembros de la familia son el sustituto más fácilmente disponible."[1] Si se puede utilizar suficiente energía directamente in situ, ya no es necesario obtener la mano de obra a través de una descendencia numerosa; mano de obra que, con su esfuerzo físico, rinde al menos una parte de lo que las máquinas consiguen en los países industrializados con la ayuda de la transformación de energía artificial.

Podría nacer un nuevo mercado global de energía basado en la posibilidad de almacenamiento de energía solar en forma de hidrógeno y de transporte a larga distancia. Por ello, al hidrógeno obtenido de la energía solar ya se le llama el *petróleo de mañana*. Algunos de los países productores de petróleo también pueden utilizar la alta y constante radiación solar para la producción de hidrógeno en grandes cantidades, y fletarlo –de forma similar al petróleo– en oleoductos o en buques cisterna allí donde sea requerido. A tal efecto, entre 1984 y 1995 Alemania llevó a cabo junto con Arabia Saudí un proyecto de investigación y desarrollo (HYSOLAR) que demostró que todas las expec-

---

[1] Hermann Scheer, *Sonnen-Strategie. Politik ohne Alternative,* Múnich, ⁵1995, p. 30. Cf. ídem, *Solare Weltwirtschaft. Strategie für die ökologische Moderne,* Múnich, 2002.

tativas en cuanto a producción, almacenamiento y transporte de hidrógeno obtenido de la energía solar eran realistas.[1] El agua de mar desalada puede ser descompuesta en sus componentes básicos con la energía de instalaciones solares establecidas en grandes superficies de las regiones desérticas, y el hidrógeno así obtenido puede ser almacenado y utilizado en otro lugar. Si un día es factible acometer esto a gran escala, sin duda la atención tiene que ir de nuevo dirigida a los posibles efectos climáticos, puesto que allí donde se extrae energía solar y agua en grandes cantidades se origina un así denominado "hueco". Por el contrario, empieza a brotar un "manantial" allí donde la energía almacenada en hidrógeno se vuelve a liberar originando agua. Por ello, en la era solar planetaria es importante mantener baja la demanda de energía. Además es muy sensato utilizar las más diversas variantes de producción de hidrógeno: junto con la energía solar, es posible generarlo sobre todo con la ayuda de energía eólica, como se proyecta en Argentina para asegurar el propio abastecimiento energético, reducir la contaminación del aire en las ciudades y exportar los excedentes de energía. La producción con la ayuda de energía hidráulica puede practicarse a gran escala en Canadá para, una vez cubierta la propia demanda, vender energía a todo el mundo. Además, es posible generar el hidrógeno con la energía liberada en la combustión de biomasa. Y, finalmente, la producción fotobiológica de hidrógeno abre un nuevo ho-

---

[1] Heinrich Steeb y Hassan Aba Oud (ed.), *HYSOLAR. German-Saudi Program on Solar Hydrogen Production and Utilization*, Stuttgart, 1996.

rizonte, recogiendo en un "fotobiorreactor" la actividad de las bacterias productoras de hidrógeno.[1]

A la vez que de este modo se limita la emisión de dióxido de carbono, pueden realizarse esfuerzos para volver a controlar el problemático exceso de dióxido de carbono en la atmósfera, a saber, a través de la *reforestación* a escala global. Esta iniciativa deberían tomarla los ricos países del Norte, cuyos bosques, incluso los remanentes, se sacrificaron hace mucho tiempo al progreso y cuyas selvas tropicales, como por ejemplo la península Olympic en el estado americano de Washington o el valle de Ista en la provincia canadiense de la Columbia Británica, continúan siendo víctimas de intereses comerciales, mientras que a los países del Sur se les recrimina de forma arrogante la tala de selvas tropicales. Los propios países industriales tendrían territorios que podrían destinarse a la repoblación forestal; por otra parte, para la reforestación global serían necesarios territorios mucho más grandes. De ahí la idea de los "tratados de recreación de zonas verdes" para un programa global de repoblación forestal, de cuya financiación deberían hacerse cargo los países industrializados, siempre que los países en vías de desarrollo estuviesen dispuestos a facilitar territorios y mano de obra.

Otro aspecto al que dirigir los esfuerzos globales podría ser el *mantenimiento de la riqueza de las especies,* en gran

---

[1] Ingo Rechenberg, *Photobiologische Wasserstoffproduktion in der Sahara*, Stuttgart, 1994 (Werkstatt Bionik und Evolutionstechnick / Taller de biónica y técnica evolutiva, vol. 2).

parte naturales de las selvas tropicales, pero que no están sólo allí amenazadas. Hay múltiples razones a favor de mantenerlas:

1. Razones evolutivas, puesto que a partir de una gran variedad de especies siempre se pueden esperar nuevas respuestas a condiciones de vida modificadas, también a cambios antropogénicos de los ecosistemas y de toda la biosfera.

2. Razones de inteligencia, que abogan por evitar una pérdida irreversible de especies, mientras no sea posible "resucitarlas" una vez desaparecidas; conformarse con aceptar su pérdida intencionada e innecesaria debe considerarse poco inteligente, a causa de la pérdida del acervo genético.

3. Razones de justicia, ya sean por motivaciones biocéntricas o antropocéntricas, por ejemplo en lo que respecta a los derechos de las generaciones futuras, a las cuales se privaría de forma injusta de la experiencia de la diversidad de la vida, del modo como la conocieron generaciones anteriores.

4. Razones estéticas, en la medida en que muchos hombres contemporáneos consideran bella y positiva la fascinante y exótica diversidad de animales y plantas.

5. Razones existenciales, puesto que una muerte imparable de las especies no sólo indica unas peores condiciones de vida para animales y plantas, sino que con gran probabilidad socava los medios que posibilitan la vida del propio hombre: la diversidad de las especies tiene un significado existencial para la humani-

dad en sí; desplegar una inteligencia prudente y previsora significa aquí, de nuevo, no dirigirse a una situación de la que no habría escapatoria.

A la vista de esta formulación global de cuestiones, ¿qué papel puede desempeñar todavía cada individuo y su arte de vivir? Pero el arte de vivir ecológico se basa en el sentimiento ciudadano del individuo ampliado a la globalidad, en su *ciudadanía cosmopolita,* que consiste en ser un ciudadano de la sociedad mundial de forma consciente y no simplemente de una sociedad organizada de carácter nacional. "Mientras los gobiernos (todavía) negocian en sistemas estatales nacionales, la propia historia personal se abre ya hacia una sociedad mundial."[1] Que ésta no se trata de una afirmación baldía se demostró por ejemplo en 1992 en Río de Janeiro, cuando, más allá de la "cumbre planetaria", miles de participantes de todo el mundo se encontraron en un Foro Global que dio a entender lo que pueden significar globalmente los intereses e iniciativas que surgen desde abajo. La conciencia planetaria, que es la base del sentido ciudadano ampliado, significa *la atención* a todo lo que supera ampliamente al individuo, el propio hogar, la propia ciudad, la propia región o el propio país. La ampliación de la atención nos conduce más allá de la obsesión por los problemas internos del Primer Mundo, tanto en el aspecto ecológico como en el social o el político. Un cambio en la perspectiva hace posible que el individuo se separe de

---

[1] Ulrich Beck, *Risikogesellschaft. Auf dem Weg in eine andere Moderne*, Frankfurt del Meno, 1986, p. 219.

una visión centrada en el bienestar que esconde en sí una falta de consideración tácita, y por ello aún más violenta, para mirar hacia el Norte con los ojos de los hombres del Tercer Mundo; así el propio individuo percibe la impotencia ante el poder de la riqueza material en el Norte del planeta y aprende por sí mismo lo que esto significa para la existencia individual. Sólo la casualidad de nacer en un lugar ha traído consigo pertenecer a uno u otro lado.

La ciudadanía cosmopolita establece la forma de vida de la existencia planetaria y encuentra expresión en el *estilo de vida* individual, por ejemplo en el continuo esfuerzo por buscar la comunicación y la cooperación con los demás más allá de las fronteras existentes o por apoyar a grupos de intereses transnacionales y a comunidades solidarias y por trabajar ellos mismos en su puesta en práctica. El estilo de vida repercute en el uso consciente de los productos del mercado internacional, para también aquí servirse del poder de mercado por parte del individuo desde abajo y ejercer influencia, aunque sea todavía algo escasa, en las condiciones de producción sociales y ecológicas en los países de origen. Hay que agradecer a la iniciativa de los individuos que el "comercio justo" con socios en África, Asia y Latinoamérica se esté convirtiendo en un factor económico que hay que tomar en serio. Los individuos que ponen en marcha este comercio practican una forma de economía de mercado de la que se desprende más que de la simple ayuda al desarrollo: en lugar de la "ayuda" condescendiente se pone en marcha un comercio (*"trade not aid"*), que consigue una mejora duradera de las condiciones de vida y a la vez aumenta la calidad de los productos, como es el caso del comercio del té.

Con la percepción consciente de la ciudadanía cosmopolita por parte de los individuos crece la opinión pública crítica global, que representa un poder controlador frente a la globalización de la política y un contrapeso necesario a la globalización de la economía. Con su ayuda puede demandarse el término de una *razón de humanidad* en lugar de la tradicional razón de Estado. "La *raison d'humanité* es un concepto esencial para la filosofía política del siglo XXI."[1] Habría que preguntar por las consecuencias planetarias que puede acarrear nuestro propio comportamiento. No debería confiarse a las "élites del Estado", a su poder y su conocimiento o incluso a su "estricto código moral" que hiciesen de esto un modelo de conducta, sino que debería resultar más bien de la sensibilidad y la iniciativa desde abajo, para garantizar que la persistente pregunta acerca de la razón de humanidad se convierta en el correctivo crítico para el propio individuo y, partiendo de él, también para las relaciones existentes, y no en un instrumento de una reiterada "satisfacción" de la humanidad desde arriba.

La búsqueda de un nuevo arte de vivir tiene por último su sentido en esto: en percibir que la existencia individual depende de estructuras básicas y de conexiones generales que poseen una importancia existencial para el individuo

---

[1] Yehezkel Dror, *Ist die Erde noch regierbar? Ein Bericht an den Club of Rome,* Múnich, 1995.

y para los demás a la hora de poder llevar una existencia positiva. El individuo entiende como componente de su arte de vivir reflexivo el hecho de considerar las consecuencias del propio proyecto de vida, también para los demás y en otros lugares, y de practicar la mirada global desde el exterior, no para menospreciar las pequeñas relaciones personales y cotidianas, sino para convertir la ampliación del horizonte espacial y temporal en la base de su elección inteligente. La ciudadanía cosmopolita tomada en serio conlleva pensar en términos de sociedad mundial, ya sea por razones voluntarias, ya sea por razones de inteligencia. De todos modos, el individuo, de manera diferente a la forma convencional de ciudadanía en una sociedad, no puede escapar de pertenecer a esta polis que abarca la totalidad de los hombres del planeta; en todo caso, puede ignorarla. De cualquier forma, un arte de vivir reflexivo que se merezca este nombre no puede agotarse en el cuidado de jardines privados. La propia tierra se ha convertido irrevocablemente en el jardín del hombre, pero en un jardín al borde del abismo; y cada cual puede cultivar ese jardín, en ello radica su arte de vivir. A la libertad del hombre, la cual puede amenazar su existencia, se le exige ocuparse de la vida en el planeta si no quiere poner en peligro dicha existencia. Sólo entonces, cuando se sienta a la altura de esta tarea, pueda quizá marcharse algún día a las estrellas, a aquel espacio infinito cuyos límites son, en todo caso, los de la perceptibilidad y que representa sin duda la más amplia dimensión de todo arte de vivir.

EPÍLOGO: ¡DE VUELTA A LOS ÁRBOLES!
PANORAMA DE LA VIDA
EN EL TERCER MILENIO

Érase una vez, hace muchos años, una joven mujer que no quería seguir aceptando por más tiempo la tala de bosques centenarios. Corría el año 1998 cuando Julia Hill trepó a una secuoya roja en peligro y no volvió a abandonarla. Desde la copa del árbol, donde se hizo su vivienda a ochenta metros de altura, disfrutaba de una vista fantástica del océano Pacífico. El árbol tenía entonces 2.000 años, hoy en día está aún en pie y es destino de numerosas peregrinaciones. Julia no sólo consiguió que se conservase este árbol y todos los bosques de secuoyas rojas, sino que, sin saberlo, creó a la vez el modelo de una nueva forma de vida que se extendió rapidísimamente a lo largo del tercer milenio: la vida en los árboles. Se autodenominó *Butterfly,* pues esta nueva existencia le parecía ligera y llevada por el viento, como una mariposa. El movimiento al que pertenecía se llamaba Earth First, conocido por su actuación a favor de la conservación de todo tipo de vida en la tierra, cuando ésta era aún el único planeta habitado por seres humanos.

Extraído de un programa electrónico de historia de finales del tercer milenio. Palabra clave: "árbol".

¡Qué alivio! *Sócrates 2X* inspira hondo el fresco y aromático aire del bosque. En su mente clasifica los diferentes planos olfativos que se superponen: el suelo del bosque, la hierba, las hojas de pino, las agujas de haya, un poco de moho. Espera tranquilo hasta que se ha desvanecido el éxtasis de los sentidos, y entonces trepa a su árbol, un haya de un tamaño imponente en el bosque mixto centroeuropeo. Hace ya mucho tiempo que el hombre del tercer milenio no tiene que vivir en ciudades dominadas por fuertes ruidos y aire contaminado. Para estar en medio de los acontecimientos mundiales no es importante el lugar de residencia. Desde el siglo XXI, los acontecimientos mundiales se desarrollan preferentemente en espacios virtuales, a los que se puede acceder desde todas partes, basta con un portátil, por muy anticuado que sea. Así se cumplió el sueño de infancia de *Sócrates 2X:* regresar al lugar que los hombres habían abandonado, quizá algo precipitadamente, en los primeros tiempos de la humanidad. ¡De vuelta a los árboles!

Frente a las imágenes habituales del segundo milenio, el cambio del estilo de vida difícilmente podría ser más acusado. En lo profundo del bosque renaturalizado, *Sócrates 2X* se ha construido una cabaña en un árbol, tan estable y perfecta como los encantadores parques infantiles del lejano siglo XX. Accede con una escalera de cuerda; puede calentarse en invierno. En una barra de material transparente apenas perceptible se enrolla un discreto cable hacia arriba, donde por encima de un árbol impresionante sobresale una estructura fascinante: miles de brillantes hojas plateadas se balancean al viento en ramas sintéticas. Desde lejos, si acaso se reconoce algo, es simplemente un destello y un centelleo sobre las copas de los árboles. Esta instalación solar de alta tecnología trabaja con gran eficacia y los mismos principios de la fotosíntesis de las hojas naturales. De ella extrae *Sócrates 2X* la corriente para el mantenimiento de su hogar en el bosque con conexión mundial. Con ella alimenta a la vez una pequeña instalación de bomba de agua y obtiene por electrolisis el gas hidrógeno con el que cocinar y caldear su hogar siempre que quiera.

También su automóvil, aparcado abajo, en el bosque, funciona con hidrógeno: la utopía del agua, soñada a finales del siglo XX, se ha hecho aquí realidad. De los programas de historia, por los que le gusta darse paseos virtuales, deduce *Sócrates 2X* que ya a principios del siglo XXI se hubieran podido producir automóviles de hidrógeno en serie; a fin de cuentas, en ellos se "quema" agua (mejor dicho: el gas de hidrógeno obtenido del agua), volviendo a generarse agua: perfecta tecnología del reciclaje, sin liberación de ningún tipo de contaminantes. Para este automóvil ya no se utiliza la arcaica palabra "coche"; más bien se lo llama *planeador*, pues se desliza fácil y silenciosamente a través del paisaje sobre el suelo. La célula de combustible que ha sustituido el motor de gasolina antediluviano trabaja casi sin emitir ruidos y sin movimientos bruscos. Mientras que hace mucho tiempo que otros se dejaron implantar un biochip en el cerebro, *Sócrates 2X* hace funcionar su portátil con una minicélula de combustible. Sin embargo, resuelve la telecomunicación con un *cyborg phone* que está casi completamente integrado en el cuerpo: apenas un punto en el oído y en la laringe.

Sencillamente, *Sócrates 2X* no puede dejar de jugar a hacerse el romántico y por eso le gusta combinar elementos de la arcaica "época moderna" de tiempos pasados con la técnica del *cyborg*, del "organismo cibernético". Algunos se burlan de él tildándolo de tecno-nostálgico, pero sabe que es un término equívoco, pues a finales del segundo milenio hubo un movimiento juvenil que se entregó a un baile llamado "tecno". Se dice que cada año, para el verano, los jóvenes incluso se agrupaban para celebrar desfiles en los que las mujeres enseñaban sus pechos y los hombres sus pistolas de agua; lo llamaban Love Parade. Uno de sus amigos investiga sobre el tema, pero es difícil juzgar una época pasada así, desde fuera, a tanta distancia temporal; sin duda sería mejor intentar entenderla desde dentro. Sin embargo, *Sócrates 2X* no está seriamente interesado en ello.

La existencia electrónica, que le posibilita intercambiar cualquier tipo de información en el planeta entero, dirigir todas sus relaciones mundiales desde la copa de un árbol en el bosque mixto o satisfacer cualquiera de sus necesidades sobre el terreno, en modo alguno ha llevado a *Sócra-*

tes 2X a perder el contacto sensorial con otros seres humanos, o simplemente a descuidarlo, sino todo lo contrario. En ocasiones, abandona su mirador por la escalera de cuerda, lo protege electrónicamente y sube a su planeador. Cuando está cerca de asentamientos humanos, *Sócrates 2X* activa el simulador de ruido de automóvil, para que los transeúntes puedan advertir mejor el artefacto. Los tejados de las casas de un brillo negro plateado y equipados con dispositivos solares, y también paredes de un blanco lechoso e interrumpidas por espacios transparentes ("ventanas"), se hallan en plena actividad fotovoltaica: ya a principios del tercer milenio la *era solar* sustituyó a la "época moderna", mantenida con energías fósiles. Mientras él va planeando sobre las calles, los discos se deslizan rápidamente por los aires: son artefactos aéreos que se mueven con una velocidad y una destreza inauditas, puesto que carecen de gravedad; los hay de todos los tamaños, colores y formas. A veces parece como si alguien hubiese tirado al cielo Lacasitos a dos manos. Ajustan sin cesar sus movimientos de forma electrónica, de manera que las colisiones son sumamente raras, igual que ocurre con los pájaros, moscas y libélulas.

En el fondo, *Sócrates 2X* podría encontrar la vida en la ciudad muy atractiva. La tecnología del hidrógeno ha hecho que la contaminación del aire y el ruido insoportable, los cuales provocaron innumerables demandas en otras épocas, sean cosa del pasado. Pero ahora adora la vida en los árboles, el delicioso aire fresco matinal, los cantos de los pájaros por la tarde. Prefiere el sosiego de su "existencia de mariposa" a la frenética actividad de la ciudad, a la que va ocasionalmente para tomar café con los amigos. Más allá de la interacción electrónica, el cuidado de las amistades es una elección que ha hecho conscientemente y para la que se toma mucho tiempo, un componente de su *arte de vivir,* su aportación individual a la cultura del sosiego de la sociedad, cultivada por la sociedad de los ermitaños en los bosques del planeta.

Sin duda, *Sócrates 2X* tiene cierto aire filosófico. Pero no lo exagera. No precipita ni exagera nada. Husmeando en los programas de historia, ha descubierto esta expresión, "arte de vivir", que le gusta mucho. Puede que sea vieja y poco común, pero le parece bonita por su simplicidad. "¿Puedo llamar arte de vivir a lo que hago?", se pregunta desde entonces. En cualquier caso, en el tercer milenio (eso le queda claro), este arte de vivir debía responder a condiciones de vida muy diferentes, en comparación con tiempos anteriores. Una premisa molesta es la problemática ecológica que dejaron tras de sí los hombres de la "época moderna". Por ejemplo, *Sócrates 2X* conoce perfectamente la utilidad de las suaves temperaturas para la vida en los árboles, y sin embargo, él, que suele ser tranquilo y alegre, maldice también al inconsciente siglo XX, cuyo legado en el clima terráqueo no puede eludirse: a lo largo de varios siglos se tuvieron que tolerar una y otra vez nuevos niveles máximos de agua de los océanos en todo el planeta, ¡con las consecuencias que ello supuso para tanta gente! Desde tiempos remotos ha sido habitual el término "Atlántida" para una tierra legendariamente bella, pero hundida en el mar. La Atlántida del tercer milenio es Holanda, que en el transcurso de un tormentoso proceso que se prolongó durante siglos, desapareció casi completamente en las mareas altas del mar del Norte. Desde hace mucho tiempo este país es objeto de mitos que hacen suponer que tuvo que tratarse de la cultura más desarrollada del planeta, un verdadero El Dorado del arte de vivir con una infinidad de hombres felices; también las enormes olas del océano fueron a estrellarse sobre las felices islas de los Mares del Sur, en parte antiguas colonias suyas.

El hecho de que hoy viva tanta gente en los árboles, probablemente deba considerarse como una reacción inconsciente al crecimiento constante del nivel del agua en el tercer milenio. Y, sin embargo, al mismo tiempo, el planeta está literalmente más verde: han sido justo los programas globales de reforestación los que han creado los bosques que ahora ofrecen hogar a tantos individuos 2X. En este aspecto, visto subjetivamente, la problemática ecológica ha tenido también consecuencias gratas, *Sócrates 2X* no quiere negarlo. Un problema objetivo de la sociedad planetaria son, sin embargo, los altos costes para las unidades especiales de la *Global Atom Watch Police* (Policía para el Control Atómico Global), que no sólo tiene la misión de vigilar los famosos almacenes de residuos nucleares de los siglos XX y XXI, sino también batir todas las regiones y mares de la tierra una y otra vez con instrumentos de precisión: pero ¿dónde enterraron su basura nuclear los pérfidos hombres antiguos?

Sin embargo, el mayor reto para la existencia en el tercer milenio es básicamente la posibilidad de prolongar la vida a voluntad. Ya en los últimos años del segundo milenio los científicos habían descubierto los telómeros en las terminaciones de los hilos de ADN, que son los responsables del envejecimiento de un ser humano. Las correspondientes posibilidades técnicas para el hombre no se hicieron esperar: lo que en estos telómeros de edad avanzada se corta por medio de procesos bioquímicos naturales, se puede volver a añadir con medios técnicos. Es posible realizar curas de rejuvenecimiento que producen resultados tan sorprendentes, que si nos volvemos a encontrar con un "viejo" amigo o amiga al que hace mucho que no veíamos, podríamos creer que había resucitado la foto de carnet de su época joven.

Desde luego, la aplicación de esta técnica es muy cara; no todo el mundo se lo puede permitir, por ello la sociedad solidaria global elaboró leyes humanitarias: los seguros médicos deben pagar los tratamientos. Por supuesto, las aportaciones a los seguros médicos habían crecido astronómicamente si se tuviese que financiar la inmortalidad de todos, por lo que tuvieron que introducirse algunas condiciones: el que viva de la ayuda social (lo que es el caso de la mayoría) tiene derecho a tres tratamientos, lo que lleva a una prolongación de la vida de al menos tres veces cincuenta años, pero después se acabó. Los que poseen un trabajo normal se pueden permitir, por término medio, prolongar la vida diez veces, y si el nivel de bienestar es mayor, el margen se amplía: hasta llegar a cien veces. La inmortalidad sólo la pueden pagar personas extremadamente ricas. Aunque a *Sócrates 2X* esto le parezca lamentable, bien es verdad que no existe la justicia absoluta, e incluso la más bella justicia fracasa en el aspecto financiero; desde estas premisas, según su opinión, la reglamentación existente es mejor que nada. Sobre todo porque los inmortales deben pagar de forma involuntaria un precio que obviamente vuelve a echar al traste el beneficio obtenido en años: el precio del mortífero aburrimiento.

Por ello, el arte de vivir significa básicamente elegir el límite de la vida. *Sócrates 2X* ha llegado a un acuerdo consigo mismo en torno a los quinientos años. Le parece suficiente para vivir tranquilamente su vida, para seguir durante un largo periodo algunas evoluciones interesantes del campo científico, pero sin llegar al temido aburrimiento. Claro que sería posible alargar este plazo mientras alcance el dinero, pero *Sócrates 2X* está seguro de querer renunciar a ello, pues ha visto en otros lo que significa la indecisión en este aspecto: un continuo ir y venir, ya no poder vivir en verdad, no querer morir todavía, desprecio por sí mismo, odio a otros hombres y en general al mundo. Eso se lo va a ahorrar y va a dar a su vida una forma claramente concreta. Cuando haya llegado su momento no solicitará más prórrogas, sino que se tumbará y se dormirá lentamente; no intervendrá activamente en el proceso de su muerte como muchos otros que le tienen un miedo atroz; quizá le queden todavía fuerzas para observar lo que sucede y disfrutar mirando con los recuerdos.

La vida de la sociedad, tanto de la sociedad particular de los ermitaños, como de la sociedad solidaria de alcance global, se ha normalizado en estas condiciones, lo que fue un proceso largo y difícil. Durante mucho tiempo estuvo vigente una estricta prohibición de reproducción, pues al inicio la consecuencia natural de la primera ola de prolongación de la existencia fue un estancamiento de la mortandad. Entretanto se ha reordenado la reproducción. Con estas condiciones, la forma de vida familiar experimentó un *revival*, en sentido literal, y se encuentra únicamente limitada por las reservas expresamente habilitadas para ello, en las que algunos voluntarios se dedican a la actividad de la reproducción (con tecnología genética, aunque a veces incluso de forma tradicional) y la crianza, inevitablemente ligada a ella. Las tasas de reproducción se mantienen dentro del margen de objetivos que la sociedad solidaria cree conveniente; quien no coopera, se arriesga a ser despedido sin preaviso. Los fines de semana viene de visita gente de todas partes y, como en un zoo del segundo milenio, contemplan con asombro la exótica forma de vida familiar; al tiempo, también controlan un poco lo que sucede con sus impuestos, pues el trabajo de familia está muy bien pagado; la licenciatura en familia sólo se puede obtener tras unos amplios estudios universitarios sobre las más diversas culturas y ciencias naturales, lo que supone una verdadera oportunidad en el mercado de la familia.

En las ciudades hay disponibles por todas partes "hoteles del amor" para las necesidades habituales, un invento japonés, como tantos otros en el mundo del tercer milenio. En materia de amor, la virtualidad ("cibersexo") no ha resultado demasiado eficaz, sino que más bien el viejo fenómeno de la sexualidad se ha mantenido de forma asombrosamente obstinada, aunque sobre una premisa muy diferente: mientras que antiguamente los hombres estaban sometidos a su correspondiente sexo, desde hace mucho tiempo el sexo es una cuestión de elección. Algunos eligen la unicidad: masculino o femenino; pero muchos eligen la duplicidad con una *combinación M-F* por individuo. Estos últimos evidencian en sí mismos las tensiones masculinas-femeninas, y sin embargo, durante el amor corporal, disfrutan de poder cambiar los papeles a voluntad, o sea, una verdadera androginia.

No se trata en absoluto de amor que se puede comprar en los hoteles del amor: éstos son más bien lugares de citas y encuentros entre seres humanos que, de forma arcaicamente personal y sensual, quieren cultivar el arte amatorio en un ambiente creado de forma expresa para ello. También *Sócrates 2X* valora las sensaciones que se pueden sentir así y no renuncia una sola vez al exceso, pero en el lugar y en el momento adecuados. La correspondiente expresión del éxtasis es un método del arte de vivir que conoce sus propias reglas y sus diversas manifestaciones. Él no ignora que en el lejano siglo XX, los hombres gozaban de sus sensaciones amorosas con un éxtasis masivo y sin reglas, y lo llamaban "sexo". Pero olvidaron que al éxtasis sin reglas no se le otorga durabilidad, y, así, al final se durmieron en sus quehaceres, y ni las píldoras milagro pudieron ayudarles. Pero en un libro muy antiguo de 1998 traducido al alemán, *Essais*, de un filósofo francés todavía más antiguo llamado Montaigne, encontró *Sócrates 2X* una frase que se correspondía exactamente con lo que pensaba; la introdujo de inmediato en el programa estándar de sus sentencias vitales, del mismo modo que este Montaigne cierta vez había hecho grabar frases importantes en las vigas de su cuarto del torreón (también al filósofo le gustaba vivir algo elevado por encima del nivel del suelo): "Un poco de excitación, sí; pero, por favor, ¡sin excesos!".

El arte de vivir del tercer milenio, sin embargo, no sólo consiste en una vida ligera y libre de preocupaciones, como podría hacer suponer la existencia de los hoteles del amor. No han sido vencidas en absoluto las enfermedades que dificultan la vida o acaban con ella; también amenazan justamente a los inmortales y, en vista de ello, el arte de vivir significa, como en tiempos pasados, obtener la fortaleza interior suficiente para poder soportar el peligro amenazante de una enfermedad o la propia enfermedad. *Sócrates 2X* no tiene que moverse de su casa arbórea cuando necesita un médico: simplemente se traga una pequeña sonda que puede comprarse en forma de píldora, después selecciona el código del centro médico y deja que uno de los expertos que allí se encuentran teledirija la sonda a lo largo del cuerpo, observe por videograbación las zonas molestas, realice análisis y lleve a efecto sencillas medicaciones y pequeñas labores de reparación in situ. Para casos más complicados y enfermedades con riesgo de muerte existe una técnica admirable, la genética humana, cuyas posibilidades se presentían a finales del siglo XX ya con asombrosa clarividencia. Pero las intervenciones en el material genético siguen siendo arriesgadas. Todavía hay sorpresas desagradables cuando una complicada interacción entre algunos de los innumerables genes de un ser humano, hasta ahora desconocida, manifiesta de repente su poder fatal. Aún no se ha superado una enfermedad cuando irrumpe otra. La precisión de las intervenciones en el ámbito molecular todavía deja mucho que desear y, a la vez, la "naturaleza", que en realidad ya no existe, no carece de poder de inventiva, ya que, por cada enfermedad que se supera en el planeta, aparece enseguida otra nueva.

La mayor novedad para la vida en el tercer milenio es la salida al espacio, que asimismo ya había empezado en su modesta medida en el segundo milenio saliente. ¡Y con qué consecuencias! El tercer milenio es la época de la *cosmologización*. La cronología terrestre se relativiza a la vista del horizonte cósmico de la existencia humana. El arte de vivir cosmológico se basa en la conciencia de la relatividad del tiempo, sabe de la relatividad de la historia humana como una minúscula isla en el mar temporal y en la infinidad del espacio cósmico, por mucho que en este tiempo otros planetas también hayan cultivado la vida humana y, por tanto, ya no esté ligada en exclusiva al planeta tierra.

Hace poco, en una de sus excursiones a la ciudad, *Sócrates 2X* se encontró con un ser humano de su generación. Provenía de Marte y le habló de su vida allí. Su abuelo había llegado a nacer en la tierra, pero había adoptado la nacionalidad de Marte porque esperaba así iniciar una vida completamente nueva. A menudo, cuando le dominaba la nostalgia terrestre, se llevaba a su pequeño nieto delante de la casa por la tarde, cuando irrumpía el atardecer, no tanto para contemplar el magnífico cielo rosa de la puesta de sol, sino para esperar casi con devoción el resplandor de una clara estrella en el firmamento; una estrella que sólo se diferenciaba de otras en que, fijándose bien, brillaba con un tono un tanto azulado. Brillaba también en los ojos del abuelo, cuando señalaba hacia allí y decía: "*La tierra. Una vez fue mi hogar*". El nieto no lo entendía bien, no relacionaba ese nombre con nada, la descripción de una atmósfera azul brillante le parecía curiosa, pues una atmósfera normal era simplemente rojiza. Observaba con interés los libros con ilustraciones que le mostraba su abuelo: a su manera, la tierra era también un mundo interesánte y, evidentemente, allí también vivían seres humanos. De cualquier modo, este mundo le parecía, desde luego, demasiado viejo, muy cargado de historia, demasiado tradicional.

A *Sócrates 2X* le vino enseguida a la memoria la cronología excesivamente tradicional. A pesar de que hace mucho que el microtiempo se medía por "fases Swatch", mil fases diarias, de forma análoga en todas las partes del planeta; se seguía manteniendo por costumbre el macrotiempo de base atemporal en forma de milenios, que había sido introducido por un antiguo movimiento histórico llamado "cristianismo". El mismo *Sócrates 2X,* caracterizado por sus escépticas reservas frente a cualquier división del tiempo, interpreta como muy viejo las fechas que no llevan un "2" como primera cifra. El "1" en una fecha cualquiera, como por ejemplo "1999", se le antoja un fósil de un tiempo transcurrido hace mucho; y no sólo a él le ocurre esto, sino que se organizan verdaderas fiestas nostálgicas en las que se bromea bastante acerca de los "unos", como son denominados póstumamente los ingenuos hombres del segundo milenio. A *Sócrates 2X* le gusta especialmente bromear acerca de ello, pues en uno de sus viajes históricos descubrió un texto justo de ese año 1999 al azar, con un título curioso: "Alegato a favor del retorno al buen humor". Desde entonces trabaja en la aplicación experimental de estas reflexiones y la ha convertido en uno de los ejes de su arte de vivir.

A lo largo del tercer milenio, la "sociedad mundial" del siglo XXI se ha transformado en la *sociedad cósmica*, la consecuencia lógica de la inmortalización de la existencia finita que no conoce fronteras temporales y tampoco espaciales. No obstante, esta forma de sociedad tiene que luchar contra problemas que las microsociedades de la arcaica época moderna ni siquiera habrían soñado. ¡La doble nacionalidad! En la sociedad cósmica reina un ir y venir continuo de hombres que no sólo viven sincrónica, sino también diacrónicamente. Por ejemplo, acaba de llegar un grupo que había partido hace quinientos años a una exploración estelar. Estos hombres viajaban casi a la velocidad de la luz, de forma que en ese tiempo sólo envejecieron veinte años. Tras su regreso confían en ser tratados como ciudadanos del planeta en igualdad de derechos, a pesar de no haber pagado sus impuestos durante cinco siglos. En lugar de estar agradecidos por la amable acogida que les han dispensado, uno del grupo ha empezado a quejarse de que en la casa que dejó entonces viven hombres "totalmente desconocidos". Se remite a su derecho de propiedad y toca así, supuestamente sin saberlo, un punto delicado en grado sumo. ¡Todavía no se ha creado un sistema jurídico que funcione para la sociedad de la no contemporaneidad! El problema es conocido, la transformación del sistema está en marcha, pero aún ocasiona demasiadas molestias tomar en consideración la duración de la vida de los propios hombres que viven en el planeta, que además es extremadamente diversa. ¡Y encima los *surferos espaciales* que llegan al presente desde el pasado! ¿Qué pasará cuando los aventureros del futuro invadan el presente? Nadie debería señalar que esto es imposible, pues la experiencia histórica confirma lo suficiente que incluso lo imposible es posible.

En ocasiones así se plantea, como es natural, la cuestión de qué motivó una vez a tantos hombres a abandonar la tierra. No se clarifican correctamente las teorías divergentes que han sido formuladas, puesto que apenas hay documentos fiables al respecto. Unos suponen que una serie interminable de guerras empujó a la humanidad a la huida cósmica. Otros, muy al contrario, parten de un exceso de paz: esta tranquilidad y esta armonía, esta falta de malicia resultaron insoportables. Seguramente, como siempre, fueran las dos cosas a la vez. Los hombres sólo podían elegir entre su destrucción en el propio planeta por motivo de guerra o de paz, o su éxodo al infinito; así se llegó a construir el primer asentamiento en la luna, a dar los primeros pasos en Marte y a la aceleración de los viajes espaciales (lo que durante mucho tiempo parecía una aventura), hasta alcanzar la velocidad de la luz y, con el tiempo, superarla.

Desde luego, de ello no hay duda, este mundo gira también en torno a las cosas esenciales de la vida: ¿quién ama a quién y quién ha dicho algo sobre quién? Los *culebrones*, los asuntos internos íntimos de cualquier principado monegasco, siguen siendo más importantes que los problemas de adaptación de Marte para hacer posible la vida humana *(terraforming)*. La opinión pública se aferra a la cuestión de las comas de una rudimentaria reforma ortográfica con mucha más pasión que a la de cómo se puede terminar con una arcaica guerra entre dos regiones enemistadas. El correspondiente amor a la "patria" mantiene el equilibrio de la cosmopolitización; la música popular hace fracasar sin esfuerzos los cósmicos sonidos celestiales. Sin embargo, este amor a la banalidad, a la trivialidad, no debe ser malinterpretado: no se trata de que el hombre estuviese irremediablemente anticuado ante las impresionantes evoluciones técnicas, sino que se trata más bien de técnicas del arte de vivir probadas, con cuya ayuda también se puede superar lo inaudito. Los hombres todavía experimentan y reaccionan ante ello. Les rodea, precede y antecede gran cantidad de rutina. Al fin y al cabo, en el tercer milenio la realidad es también algo con lo que hay que entendérselas. En eso sirven de ayuda el mal gusto y los clichés.

Sócrates 2X ya ha vivido algunas retrospecciones seculares, pero ahora, por una vez en su vida, tiene por delante una retrospección de milenio: la retrospección del tercero. Cuando echa una breve ojeada a lo que los hombres fantaseaban sobre el futuro a finales del segundo milenio, le parece reconfortante saber que, en cualquier caso, todo ha resultado diferente de lo que los "unos" se habían imaginado una vez. Los pronósticos y las profecías siempre se han construido al límite del fracaso plausible; algo de ello es verdad, la mayor parte, no. Sin embargo, *Sócrates 2X* considera que atreverse a pronosticar es un elemento del arte de vivir para orientarse en la vorágine de lo posible y para despertar la fantasía que siempre ayudó a la hora de entender la realidad. También para poder considerar al menos otra dimensión temporal y, con el horizonte más amplio, cultivar la fuerza y el sosiego interior que, según lo que él todavía experimentará, en el cuarto milenio podría prestarle los mejores servicios para poder seguir superando la vida. Por eso le gusta estar sentado en ese árbol que se balancea suavemente y disfruta de la mirada desde arriba, que es la más apropiada para prepararse ante los desafíos venideros con una actitud abierta a la interpretación.

Esta primera edición de
EL ARTE DE VIVIR ECOLÓGICO,
de Wilhelm Schmid,
se terminó de imprimir
el día 6 de septiembres de 2011